Der Tod ist ein Bild

Zum Bild des Todes in der Ästhetik

von

Annika Lüders

Tectum Verlag
Marburg 2005

Umschlagabbildung: Bernt Notke *Totentanz*, 1463/66

Lüders, Annika:
Der Tod ist ein Bild.
Zum Bild des Todes in der Ästhetik.
/ von Annika Lüders
- Marburg : Tectum Verlag, 2005
ISBN 978-3-8288-8798-5

Tectum Verlag
Marburg 2005

Inhalt

1. Einleitung

*Aus. Ende. Tot und weg und auf und da-
von. Punkt. Schluß. Nur: daß der Schluß-
punkt nach dem Schluß steht, der ohne
ihn kein Schluß ist und mit ihm auch nicht.
Kein Ende ist das Allerletzte, sondern
Konstrukt und Funktion seiner – schei-
ternden – Darstellung.[1]
Die Nichtdarstellbarkeit des Endes als
stärkste Herausforderung an die ästhetische Vernunft, Verlockung, das unmögli-
che Kunststück des Sterbenlassens
kunstvoll und trickreich immer wieder zu
versuchen.[2]*

Da der Mensch den Tod nicht begreifen kann, malt er sich ein Bild
von ihm.

Was den Tod ausmacht, was er ist und wie er ist, dem können wir
uns nur annähern. Das Sterben ist vorher, das Totsein ist danach,
aber der Tod selbst bleibt verborgen. Zu allen Zeiten haben die
Menschen versucht, den Tod zu verstehen. Jede Zeit hat ihre eigenen Vorstellungen und Darstellungen vom Tod hervorgebracht, um
ein Bild von ihm zu schaffen, ihn betrachten zu können und zu versuchen, ihn zu fassen. Dennoch bleibt es bei einer Annäherung,
„der Tod ist und bleibt ein Bild".[3]

Aufgezeigt werden soll in der vorliegenden Arbeit der Zusammenhang zwischen Tod und Bild, wie sich der Tod im Bild zeigt und welche Rolle das Bild für den Umgang mit dem Tod spielt. Anhand der
Ästhetik sollen verschiedene Aspekte dessen, was ein Bild ausmacht, und was das für den Rezipienten bedeutet, dargelegt werden. Zu untersuchen ist, was anhand von Bildern, vor allem den Bildern vom Tod, die eine Gesellschaft produziert und konsumiert,

---

[1] Nibbrig, Christiaan L. Hart: Ästhetik der letzten Dinge. Frankfurt am Main,
1989, S. 9.

[2] Nibbrig: Ästhetik der letzten Dinge, S. 9.

[3] Gaston Bachelard zitiert nach: Debray, Régis: Jenseits der Bilder. Eine Geschichte der Bildbetrachtung im Abendland. Rodenbach, 1999, S. 20.

über den Umgang dieser Gesellschaft mit dem Tod gesagt werden kann. Es soll der Frage nachgegangen werden, ob der Wandel im Umgang mit Trauer und Tod sich in unseren Bildern widerspiegelt. Die Ergebnisse dieser Untersuchung sollen verwendet werden, um einen Blick darauf zu werfen, ob und wie sich die häufig benannte Verdrängung des Todes in unserer heutigen Gesellschaft darstellt. Auf der anderen Seite soll aufgezeigt werden, wo sich der Tod sichtbar macht, also, ob er sich überhaupt verdrängen läßt, und welche Rolle die Bilder dabei und für den Umgang mit dem Tod spielen.

Den Ausgangspunkt dieser Arbeit bilden die Beschreibungen von drei Todesdarstellungen. Diese Bilder des Todes zeigen, auf wie unterschiedliche Weise der Tod dargestellt werden kann. Die Darstellungen des Todes sind so ausgewählt, daß sie exemplarisch sowohl Photo als auch Gemälde bedienen und beispielhaft für verschiedene Epochen stehen und somit die thematische Breite des Paares Tod und Bild verdeutlichen.

Ein Überblick über die Geschichte des Todes, also den Wandel des Umgangs mit dem Tod und der Trauer, schließt sich an. Hier zeigt sich die Position des Todes in der Gesellschaft und der dadurch bedingte individuelle Umgang mit dem Tod. In diesem Abschnitt wird auch die Darstellung des Todes in der Kunst betrachtet und die Veränderung dieser Bilder im Laufe der Zeit, besonders unter der Fragestellung, was dargestellt wird, wenn der Tod abgebildet wird: Ist der Tod überhaupt abbildbar oder entzieht er sich der Darstellung und können wir immer nur ein Bild von ihm haben, um uns ihm anzunähern?

Anhand der Beobachtungen von Baudrillard werden die Unterschiede im Umgang mit dem Tod zwischen den primitiven und modernen Menschen einander gegenübergestellt. Die so aufgezeigte Position des Todes in der heutigen Gesellschaft soll verdeutlichen, welche Möglichkeiten dem Einzelne in der heutigen Zeit geblieben sind, mit seiner Trauer und dem Tod umzugehen und sie zu bewältigen. Welchen Anhaltspunkt dabei die allseits verfügbaren Massenmedien, die heute der hauptsächliche Bilder- und Meinungslieferant sind, für den Umgang mit dem Tod bieten, wird unter dem Aspekt des Bildes untersucht.

Die anschließenden Überlegungen zum Bild beginnen mit einem Überblick über die Geschichte der philosophischen Ästhetik und die Vertreter der Phasen dieser Disziplin der Philosophie anhand der *Einführung in die philosophische Ästhetik* von Brigitte Scheer. Auf der Grundlage dieser Gedanken zur Kunst, wird der Fokus auf das Bild gerichtet.

Nach der Darlegung – mittels der Thesen von Martin Seel –, welche Definition von „Bild" den folgenden Kapiteln zugrunde liegt, zeigen die Beobachtungen von Régis Debray und Baudrillard, wie sich der Blick des Rezipienten auf die Bilder und die Bilder selbst im Laufe der Jahrhunderte verändert haben. Trotz dieser Veränderungen und der daraus resultierenden Unterschiede haben die Bilder eine gemeinsame Konstante: ihnen wohnt ein Schein inne. Die Spannung zwischen Schein und Sein, also zwischen Abwesendem und Anwesendem wird diskutiert, um in einem nächsten Schritt zwei der verschiedenen Arten von Bild einander gegenüber zu stellen: das Gemälde und das Photo. Das Photo steht hier speziell für den Schnappschuß und die alltägliche Bilderflut, die uns in den Massenmedien begegnet, die es zu einer Verdoppelung des Alltags werden lassen. Ein Vergleich der beiden Arten von Bild und das Aufzeigen ihrer Unterschiedlichkeit in Betrachtung und Konsum wird vorgenommen.

Auf der Grundlage der Ausführungen über Schein und Sein fließt in diese Diskussion ein, welchen Bezug Photo und Gemälde zum Tod haben. Etwas Lebendiges und Gegenwärtiges festzuhalten und dem Tod durch Bannung auf eine zweidimensionale Fläche zu entreißen, ist dem Gemälde und dem Photo gemeinsam. Bilder implizieren die Anwesenheit der auf ihnen dargestellten Dinge und Personen und stehen dadurch für etwas Abwesendes. Sie sind somit die Verneinung des Dargestellten, und ihre Betrachtung kann deshalb nicht erfolgen, ohne den Überlegungen zum Tod Raum zu geben.

Schließlich sollen an aktuellen Beispielen die gefundenen Zusammenhänge zwischen Tod und Bild anschaulich gemacht werden; außerdem wird dadurch verdeutlicht, daß der Tod sich nicht vollständig verdrängen läßt, welche Form der Präsenz er heute hat und wie sich das in unseren Bildern darstellt.

Der Ausblick enthält Überlegungen, welche Möglichkeiten für den Umgang mit dem Tod die beiden so unterschiedlichen Arten von Bild – Photo und Kunstwerk –, die einander alternativ gegenüber zu stehen scheinen, mit den ihnen jeweils innewohnenden Potentialen einander additiv ergänzend bieten könnten.

2. Drei Todesbilder

Schlafende und Tote sind Bilder nur.[4]

2.1. Saturday Disaster von Andy Warhol

Das Bild *Saturday Disaster* von Andy Warhol ist eine Schwarzweiß-photographie im Querformat aus dem Jahr 1964. Es ist reproduziert und so vergrößert, daß die Pixel als einzelne Punkte zu erkennen sind. Das Photo ist zweimal abgezogen, und die beiden Abzüge sind ohne Zwischenraum untereinander in Acryl auf Leinwand abgebildet.

Die obere Hälfte der Aufnahme zeigt die Seitenansicht eines zerstörten Autos. Vorder- und Hinterreifen sind vom Bildrand abgeschnitten. Die Tür hängt zu weit geöffnet in ihren Angeln und gibt den Blick ins Wageninnere frei. Die Lehne des Autositzes ist schräg nach vorn verschoben, so daß dort niemand Platz nehmen könnte. Das Dach des Wagens ist herausgerissen. Über dem oberen Rahmen der Tür hängt ein Körper, bekleidet mit einem hellen, kurzärmeligen Hemd und einer etwas dunkleren Hose. Die Beine befinden sich im Wageninneren, die abgewinkelten Knie über der Sitzlehne. Der Oberkörper, mit dem Rücken zum Betrachter, hängt mit dem Kopf nach unten aus dem Wagen heraus. Das Hemd ist verrutscht und gibt den Oberkörper vom Gürtel bis zu den Achseln frei. Die Person ist augenscheinlich tot, der linke Arm hängt schlaff herab, die Hand berührt beinahe die Straße.
Unter der Hand der wahrscheinlich toten Person liegt ein zweiter Mensch mit dem Rücken auf der Straße, im rechten Winkel zum Auto. Seine Beine, bekleidet mit einer dunklen Hose, sind halb im Innern des Wagens, die Oberschenkel und der Oberkörper außerhalb. Der Kopf sieht blutüberströmt aus, ein Gesicht ist nicht genau oder nicht mehr zu erkennen. Der Wagen sieht aus, als habe ein schwerer Unfall ihn demoliert, die Körper der beiden Personen sind so schlaff, daß der Eindruck entsteht, daß auch die auf dem Boden liegende Person nicht mehr lebt.

---

[4]   Ausspruch von Lady Macbeth in: Shakespeare, William: Macbeth. Stuttgart, 1970, 2. Aufzug, 2. Szene, S. 24.

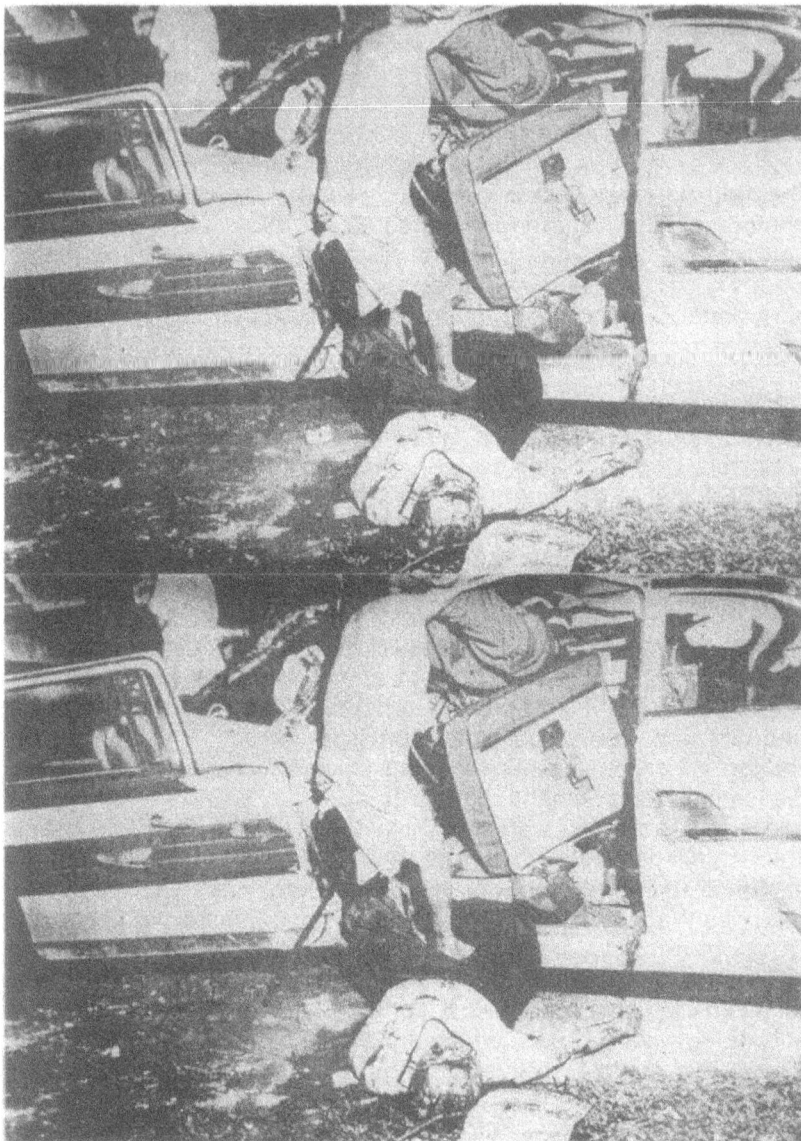

Andy Warhol: Saturday Disaster (Abb. 1)

Das Photo scheint bei Dunkelheit entstanden zu sein. Hinter dem Auto ist es schwarz und die Kontraste zwischen Licht und Schatten sind so hart, als wäre die Aufnahme mit einem Blitzlicht gemacht worden. Die Erfahrung des Betrachters läßt keinen Zweifel, daß es sich hier um die Aufnahme eines Unfallwracks handelt, mit Insassen, die den Aufprall nicht überlebt haben. Bilder ähnlichen Inhalts sind in den Bildmedien oft zu sehen.

Die Wirkung, die von dem Photo ausgeht, das Innehalten beim Ansehen, das zu einem genaueren Betrachten wird, ist darauf zurückzuführen, daß dieses Bild inszeniert ist. Nicht der schreckliche Inhalt, der uns tagtäglich in Bildern begegnet, sondern die gewollte Verdoppelung intensiviert die Wirkung des Bildes. Das Original von Andy Warhol ist, verglichen mit dem Format, in dem uns solche Bilder sonst begegnen, riesig (auch andere Bilder seiner *Death and Disaster*-Serie sind über zwei mal zwei Meter groß), was den Eindruck noch verstärkt. Aber auch kleinere Reproduktionen haben diese Wirkung.

Warhol hat für seine *Death and Disaster*-Serie Fotos von Unfällen aus der Zeitung benutzt, worauf die starke Rasterung seiner Bilder hinweist. Sein erstes Werk, die Aufnahme eines Flugzeugabsturzes, erhielt als Titel sogar noch die Bildunterschrift aus der Zeitung: „129 Die".

Der Schrecken des Todes wird bei einem Unfalltod verdoppelt durch einen zweifachen plötzlichen Stop: das Ende einer Fahrt oder eines Fluges durch ein Hindernis, das der Fortbewegung ein jähes Ende setzt, und das daraus resultierende Ende eines Lebens, das noch hätte weitergehen sollen, das ein anderes Ziel hatte als das Wrack, in dem es endete. Vom plötzlichen grausamen Tod durch einen Unfall sind in Zeitungen und im Fernsehen täglich Bilder zu sehen, an denen fast schon vorbeigeschaut wird, weil der Betrachter keinen Bezug zu dem gezeigten Szenario hat. Durch die Verdoppelung gewinnt das Photo an Plötzlichkeit. Der Blick des Betrachters wandert immer wieder vom einen zum anderen Abzug des Photos, vielleicht in der Hoffnung, ein Detail genauer erkennen zu können, oder wie um das Gesehene zu überprüfen. Das Furchtbare der Szene wird sichtbar, weil Warhol aus der bloßen Verdoppelung des Alltages dem Betrachter einen zweiten Blick ermöglicht oder sogar aufzwingt. Das Schlaglichtartige, das zwei Mal Hintereinander, wie der Beginn eines Streifen Films, verleiht dem Photo die Geschwindigkeit, die die Wucht des Aufpralls und die ungeheure Verformungsenergie, in die sich die Geschwindigkeitsenergie bei einem Aufprall verwandelt, erst deutlich werden läßt. Die aus dem Wrack geschleuderten Körper werden so zu Menschen, die gerade noch lebten und gewaltsam und plötzlich zu Tode kamen. Der Schrecken kommt im Bewußtsein des Betrachters an.

Dieses Bild von Warhol zeigt den Tod, indem es tote Menschen abbildet und den Betrachter dazu anhält, anders als bei ähnlichen Bildern in Zeitungen, einen Moment zu verweilen.

2.2. Der Triumph des Todes von James Ensor

Der Triumph des Todes von James Ensor ist eine Schwarz-weiß-Zeichnung im Hochformat aus dem Jahr 1896. Es hängt im Koninklijk Museum voor Schone Kunsten in Antwerpen/Niederlande.In der Luft über einer Häuserschlucht schwebt ein Skelett, das nicht weiß, sondern dunkel ist. Die Knochen sehen aus wie von Ruß geschwärzt oder verkohlt. In den fleischlosen Händen hält es an einem langen Stiel eine Sense, deren Blatt fast so lang ist wie das Skelett selbst. Auch die Sense ist schwarz, und ihr Blatt wirkt mehr wie ein Schatten und nicht, als sei es aus Materie. Hinter und unter dem Skelett sind Häuser zu sehen, die rechts und links eine Straße oder Gasse säumen.

Die Dachgiebel stehen in Flammen, aus den Fenstern in den oberen Stockwerken lehnen sich Menschen. Die Straße selbst ist nicht zu sehen. Sie wird verdeckt von einem Strom von Menschen, der sich zwischen den beiden Häuserreihen ergießt. Dicht gedrängt scheinen sie vorwärts zu eilen, auf den Betrachter zu. Erkennbar ist nur ein Heer von Köpfen, die Körper sind nicht zu sehen, nur hier und da ragt noch ein Arm aus der Menge heraus. Die Gesichter unterscheiden sich kaum voneinander. Die Augen der Menschen sind weit aufgerissen, einige Münder wie zu einem Schrei geöffnet. Wahrscheinlich werden sie von der Feuersbrunst und/oder dem über ihnen schwebenden Skelett in die Flucht getrieben. Die Spitze des nach unten gerichteten Sensenblattes zielt anscheinend mitten in den Strom der Menschenmassen, dessen Ende nicht auszumachen ist. Die schattenartige Klinge der Sense sieht aus wie ein Riß in dem Bild, als wäre es zerhackt und beschädigt worden. Auch in den Flammen, die aus den Dachgiebeln lodern, und auf der Höhe der Fenster, aus denen sich Menschen lehnen, sind Skelette auszumachen. Sie sind kleiner als das schwarze Skelett, das fast zentral über der Szene schwebt. Zwei von den vier kleineren Skeletten halten jeweils eine Sense in Händen, die sie über ihren Totenschädelköpfen zu schwingen scheinen.

In den Flammen sind außerdem Köpfe von Menschen zu sehen; die Körper sind größtenteils von den Flammen verdeckt. Möglich ist, daß sie auf den Dächern in den Flammen stehen, denen sie nicht mehr entkommen können. Möglich ist auch, daß sie bereits tot sind und sich aus den Flammen auf einen dem Betrachter unbekannten Weg begeben. Keines der Skelette scheint sie zu beachten. Das große, dunkle Skelett, das Pupillen in seinen Augenhöhlen hat, richtet seinen vermeintlich sehenden Blick auf die Masse der strömenden Menschen.

Jeder versucht, sich zu retten vor der Katastrophe, vor dem nahenden Tod. Die einzelnen Menschen sind nicht mehr voneinander zu unterscheiden, die Angst vor dem Tod macht sie gleich. Ob es sich hier um eine reale Feuersnot oder das Ende aller Tage handelt, ist nicht dringend zu klären. Die Angst der Menschen vor dem unausweichlichen und unerklärbaren Ende des Lebens wird in diesem Bild ausgedrückt: Der Tod, der dargestellt als Skelett triumphierend über der Menge schwebt, hat gesiegt und wird mit Gewißheit immer wieder siegen.

Dieses Bild zeigt den Tod als einen allegorischen, als etwas, das von Außen kommt, das nicht dem menschlichen Willen unterliegt, über den Menschen schwebt und niemanden entkommen läßt. Eine Ausdrucksform des sozial imaginären des ausgehenden 19. Jahrhunderts, das alle Menschen im Angesicht des Todes gleich macht.

James Ensor: Der Triumph des Todes (Abb. 2)

2.3. Die Marter des Sisamnes von Gerard David

Die Marter des Sisamnes aus dem Diptychon *Das Urteil des Cambyses* stammt aus dem Jahr 1498 und wurde von Gerard David in Öl auf Holz gemalt. Das Bild mißt 182,2x159,4 cm und hängt im Groeningemueseum in Brügge/Belgien.

Unter freiem Himmel auf einem Platz oder einer Straße – der Boden ist mit Kopfsteinen gepflastert – ist im Vordergrund des Bildes ein Mann mit Schnüren an einen Holztisch gefesselt. Er ist bis auf ein weißes Tuch um die Lenden unbekleidet. Man muß ihn kurz vorher ausgezogen haben; seine Kleidung, ein roter Mantel und knöchelhohe Stiefel liegen unter und vor dem Tisch. Hinter dem Tisch stehen elf Männer, alle sind vornehm und einem hohen Stand gemäß in lange Mäntel oder Gewänder aus fließendem Stoff gekleidet. Einer von ihnen steht direkt am Tisch und bildet den Mittelpunkt des Bildes. Es muß sich um den Wichtigsten beziehungsweise Ranghöchsten unter ihnen handeln, denn er trägt einen pelzgefütterten Mantel, den er mit der linken Hand wie eine Schleppe hochhält, und in der rechten Hand hält er ein Zepter.

Vier weitere Männer und ein Knabe sind mit dem auf dem Tisch festgebundenen Mann beschäftigt. Der Knabe hält die Schnur, mit der der Mann an der linken Hand gefesselt ist. Zwei der Männer schlitzen die Haut an den Armen des Mannes auf, ein dritter tut das gleiche am Brustbein, aus dem Schnitt quillt ein roter Faden von Blut. Der vierte Mann hat sich sein Messer, das er wohl für das Aufschlitzen der Haut am linken Bein benutzt hat, quer zwischen die Zähne geklemmt, weil er beide Hände zu etwas anderem benötigt. Er zieht dem Gefesselten die Haut vom Bein und stülpt sie ihm von der Ferse, als würde er jemandem einen Strumpf ausziehen. Das Bein ist vom Knie bis zu den Knöcheln bereits ohne Haut und sieht aus wie ein rohes Stück Fleisch, wie eine einzige große, leuchtend rote Wunde. Die Gesichter der vier Folterknechte sehen konzentriert und eigentümlich unbeteiligt gegenüber der Szenerie aus. Auch die Umstehenden sehen dem Geschehen eher unbeteiligt zu. Zwei Männer sind in ein Gespräch vertieft; andere schauen gar nicht auf das, was vor ihren Augen passiert, sondern in die Ferne.

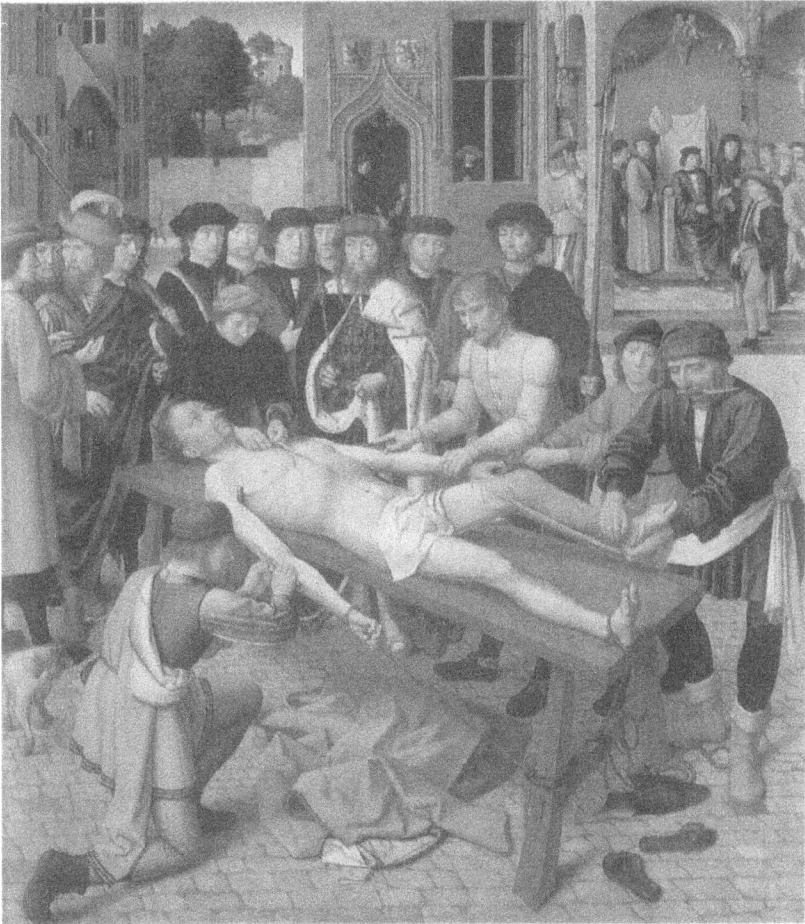

Gerard David: Die Marter des Sisamnes (Abb. 3)

Im Hintergrund des Bildes ist eine weitere Gruppe von Männern auszumachen. Einer von ihnen sitzt auf einem mit einem Tuch verhängten hochlehnigen Stuhl, die anderen gruppieren sich um ihn. Kein einziger von ihnen wirft auch nur einen Blick in Richtung der Folter, die in ihrer Nähe vonstatten geht. Bei dieser Gruppe im Hintergrund könnte es sich um die Darstellung einer anderen zeitlichen

Ebene handeln, eine Vorgeschichte zu dem Geschehen im Vordergrund oder die Darstellung zukünftiger Begebenheiten. Da die Männer aber nicht direkt mit dem Sterbenden zu tun haben, werden sie
in der Bildbeschreibung vernachlässigt.

Der Gefolterte selbst lebt noch. Sein Gesicht ist verzerrt vor
Schmerz, und seine Augen blicken starr in eine unbestimmte Richtung, anscheinend ohne wirklich etwas zu sehen. Er schreit nicht;
seine Zähne sind entblößt und fest aufeinandergepreßt.

Der Inhalt des Bildes geht auf eine Legende zurück, die uns Herodot
überliefert hat. Der persische König Cambyses habe seinen Richter
Sisamnes töten und ihm die Haut abziehen lassen, weil er für Geld
einen ungerechten Urteilsspruch gefällt hatte. Der König habe hier-
auf befohlen, mit der Haut des Geschundenen einen Richterstuhl zu
bespannen, und habe den Sohn des Sisamnes zu dessen Nachfol-
ger ernannt.[5] Bei dem Mann im Mittelpunkt des Bildes könnte es
sich möglicherweise um König Cambyses handeln, der das Urteil
gesprochen hat und nun dessen Ausführung überwacht; der hochlehnige Stuhl im Hintergrund stellt den Richterstuhl dar, auf dem der
Sohn des Sisamnes sitzt.[6]

Die Marter des Sisamnes zeigt den Tod durch die Darstellung eines
Sterbenden. Der Tod des Anderen war im Mittelalter etwas, das
nicht in gleichem Maße ins Gewicht fiel, wie es heute der Fall ist.
Sterbende zu sehen war nichts ungewöhnliches, und Verbrechern
war jegliches Mitleid versagt. Der sehr bald eintretende Tod des Ge-
folterten ist gewiß, bahnt sich in dieser Darstellung also bereits seinen Weg; ein weiteres Bild des Todes.

---

[5]   Navratil, Leo: Folter ohne Gefühl. In: Raddatz, Fritz J. (Hrsg.): ZEIT-
Museum der 100 Bilder. Bedeutende Autoren und Künstler stellen ihr liebstes Kunstwerk vor. Frankfurt am Main, 1989, S. 235ff.

[6]   Navratil: Folter ohne Gefühl, S. 235.

3. Die Gesellschaft und der Tod

> *Das Jenseits erfordert die Vermittlung ei-*
> *nes Diesseits. Ohne das Unsichtbare im*
> *Hintergrund gibt es keine sichtbaren For-*
> *men. Ohne die Angst vor dem Vergängli-*
> *chen kein Bedarf an Gedächtnisstätten.*
> *Die Unsterblichen machen, einmal unter*
> *sich, keine Bilder voneinander.*[7]

3.1. Die Geschichte des Todes in der westlichen Welt

Die drei beschriebenen Bilder von verschiedenen Künstlern stammen aus dem 20. Jahrhundert (Warhol), dem 19. Jahrhundert (Ensor) und dem 15. Jahrhundert (David). Sie zeigen in der genannten
Reihenfolge bereits tote Menschen, einen allegorischen, symbolischen Tod und einen sterbenden Menschen. Dennoch ist auf kei-
nem von ihnen zu sehen, was der Tod an sich ist.

Jede Epoche hat ihre eigenen Todesdarstellungen hervorgebracht.
Die Künstler haben zu allen Zeiten versucht, den Tod darzustellen,
ihn greifbar zu machen, sich auf dem Hintergrund ihrer Zeit mit den
vorherrschenden Ideen vom Tod und den zur Verfügung stehenden
gestalterischen Mitteln mit dem Tod auseinanderzusetzen. Der
Wandel des Umgangs mit dem Tod kann unter drei Gesichtspunk-
ten betrachtet werden: der Umgang mit dem toten Körper, die Ikonographie des Todes und das sozial Imaginäre, das dem Tod einen
Sinn abzufordern versucht. Hier sei, ohne Anspruch auf Vollständig-
keit, ein Blick auf die Geschichte des Todes im Abendland unter den
drei genannten Aspekten geworfen.

3.1.1. Der tote Körper

In der Antike wird der tote Körper außerhalb der befestigten Städte
bestattet, da er als unrein gilt. Die Lebenden weisen den Toten ihren
separaten Raum an, den Friedhof, weit ab vom Dorf. Bis zum 5. und
6. Jahrhundert ist die Feuerbestattung weit verbreitet, die nicht nur
den Gestank verhindern soll, sondern auch, daß die Toten wieder-

---

[7]   Debray: Jenseits der Bilder, S. 21.

kommen und die Lebenden heimsuchen. Der Umgang mit dem toten Körper wird wesentlich von der Einschätzung, was rein und was
unrein sei, bestimmt. Ein sauberer Mensch gilt als gesund, ehrlich
und rechtschaffen.

Seit dem Mittelalter verbreitet sich zunehmend eine Bestattung der
Toten innerhalb von Ansiedlungen. Den Reichen wird das Privileg
zugestanden, auf den Kirchhöfen bestattet zu werden, die Ärmeren
werden auf dafür angelegten Friedhöfen beigesetzt. Über den Bein-
häusern der Friedhöfe entstehen Wohnungen, der Friedhof wird als
Marktplatz genutzt. Offene Gräber, die Toten, ihr Geruch und ihr
Anblick werden nicht gefürchtet.[8]

Im Hochmittelalter wird das Bestattungsrecht zunehmend als soziale
Ausgrenzungsmaßnahme eingesetzt. Die Verweigerung der Todesriten und einer Bestattung auf dem Friedhof gelten als Strafe, da
durch das Fehlen der Riten und der Bestattung die Aussicht auf das
Jenseits verloren geht. Betroffen sind Menschen, die nicht getauft
oder solche, die durch Selbstmord oder ein Unglück umgekommen
sind, was beides als Indiz für den Eingriff einer jenseitigen Macht
gilt. Die Leichen dieser als „böse" eingestuften Menschen würden,
so heißt es, die Friedhöfe verunreinigen.[9] Die Leichen der sozial
Ausgegrenzten, denen das Bestattungsritual verweigert wurde, waren unsymbolische Kadaver. Ihre toten Körper hatten für die Lebenden keine Bedeutung. Der gesellschaftliche Status im Leben wird
durch die Art der Bestattung noch einmal ausgedrückt.

Für den Transport der Leiche gibt es den Sarg oder die Bahre. Immer häufiger verwendet man den Sarg, da das offen ausgestellte
Antlitz eines Toten ab dem 13. Jahrhundert Unbehagen auslöst –
das mag ein Grund sein, warum eine Bestattung ohne Sarg als un-
ehrenhaft galt. Zwischen dem 14. und dem 16. Jahrhundert sind die
Friedhöfe ein wirres Durcheinander von Leichenteilen, Skeletten
und Mumien. Wegen Platzmangels werden vor allem in Frankreich
die Gebeine exhumiert und in einem Beinhaus neu bestattet. Man

---

[8]   Richard, Birgit: Todesbilder. Kunst, Subkultur, Medien. München, 1995, S.
      50.

[9]   Vgl. Ariès, Philippe: Geschichte des Todes. München, 9. Aufl., 1999 [¹1982],
      S. 58.

ekelt sich vor verfaulendem Fleisch. Eine schnelle Verwesung wird geschätzt und oft testamentarisch gewünscht.[10] Damit wird sozusagen die erste makabre Ära eingeläutet: Man beschäftigt sich mit den Vorgängen in den Gräbern, in der unterirdischen Welt des Todes.

Seit dem 16. Jahrhundert verbreitet sich der Wunsch der Menschen, sich behandeln zu lassen, um gesund zu werden. Der Tod wird nicht mehr als unumgängliches Schicksal betrachtet. Auch kranke Kinder werden nicht mehr gottergeben ihrem Schicksal überlassen. Blieb den Eltern vormals nicht anderes übrig, als neue Kinder zu zeugen, um die Ahnenreihe zu erhalten, wird jetzt in das Überleben des Nachwuchses mehr Energie gesteckt.[11] Man beschäftigt sich mit der Ernährung der Kinder und legt mehr Wert auf ihre medizinische Versorgung. In seinem 1693 erschienenen Werk *Gedanken über Erziehung* schreibt John Locke: „Die Betrachtung, die ich hier über die Gesundheit anstellen will, soll nicht sein, was ein Arzt mit einem kranken und schwächlichen Kind tun sollte, sondern was Eltern ohne Zuhilfenahme der Medizin zur Erhaltung und Kräftigung einer gesunden oder wenigstens nicht kränklichen Anlage in ihren Kindern tun sollten."[12] Der Einzelne hatte sich als Verbindungsglied zwischen Vergangenheit und Zukunft bisher kaum Gedanken über sich selbst gemacht. Aber dieser neue Wunsch, den eigenen Körper und den seiner Kinder zu erhalten, gibt dem Individuum eine neue Wertigkeit. Die Abtrennung des eigenen Körpers vom Körper der Ahnenreihe verleiht dem Individuum Gewicht, und der Familienverband und die Abstammung verdrängen die eigene Persönlichkeit nicht mehr oder nicht mehr so stark.[13]

Im 17. Jahrhundert ist es kein Tabu, über Tod und Verwesung zu sprechen. Der tote Körper wird zum Gegenstand wissenschaftlicher Untersuchungen. Das Phänomen des Scheintodes, mit dem sich die

---

[10] Richard: Todesbilder, S. 52.

[11] Ariès, Philippe; Duby, Georges (Hrsg.): Geschichte des privaten Lebens. 3. Band: Von der Renaissance zur Aufklärung, hrsg. von Philippe Ariès und Roger Chartier. Frankfurt am Main, 1991, S. 317.

[12] Zitiert nach: Ariès/Duby (Hrsg.): Geschichte des privaten Lebens, 3. Band, S. 318.

[13] Ariès/Duby (Hrsg.): Geschichte des privaten Lebens, 3. Band, S. 318.

Mediziner zunehmend beschäftigen, bringt ans Licht, daß Haare und Nägel nach dem Ableben weiter wachsen. Dem Leichnam wird nun eine Empfindsamkeit unterstellt. Der Glaube an die Heilkraft des toten Körpers wächst. Die Lebenden wollen ihn berühren, in der Hoffnung, daß der Körperteil des Toten, den sie berühren, ihren eigenen, kranken heilt.[14] Da Tod, tote Körper und Verwesung keine Tabus darstellen, werden Leichname manchmal ohne Sarg in der Kirche beerdigt.[15] Offene Massengräber mit ungezählten Toten prägen das Bild der Friedhöfe. Man verliert den Überblick darüber, wann welches Massengrab angelegt wurde.

Das hat zur Folge, daß um 1750 der Gestank auf den Friedhöfen und Massengräbern Anlaß zur Klage und Sorge wird. Man fürchtet um die Würde der Toten, weil auf den Totenäckern Leichenteile herumliegen und nicht würdig behandelt werden. Zum anderen hat man hygienische Bedenken und erkennt in verfaulenden Leichen die Erreger von Krankheiten.[16] Die Friedhöfe werden deshalb von den Kirchen in zentraler Lage weg an den Rand der Städte gerückt. Zentralfriedhöfe entstehen, was auch eine Veränderung der Bestattungsbräuche mit sich bringt. Das Geleit der Toten wird aus der Hand der Familie in die Hände von professionellen Trägern gegeben.[17] Hier scheint sich der erste Schritt weg von der absoluten Privatheit des Todes zu vollziehen.

Ab dem 19. Jahrhundert wird auf Einzelgrabstätten bestanden, um die Ausdünstungen verwesender Körper aus den Massengräbern zu verhindern. Die Friedhöfe verlieren ihren gefährlichen und ungesunden Charakter. Moralisch-religiöse Pietät prägt die öffentliche Meinung über die Toten. Unangemessener Umgang mit dem toten Körper ruft Empörung hervor. Friedhöfe werden zu einem beschaulichen Besuchsziel.
Der Blick auf sich selbst und den eigenen Körper unterliegt ebenfalls einer Veränderung. Durch die zunehmende Verbreitung des Spie-

---

[14] Richard: Todesbilder, S. 57f.

[15] Richard: Todesbilder, S. 59.

[16] Richard: Todesbilder, S. 59.

[17] Richard: Todesbilder. S. 59f.

gels verändert sich der Blick auf die eigene Person.[18] Durch das eigene Abbild wird die Wertigkeit des Individuums gesteigert.

Auch die Photographie war eine neue Möglichkeit für den Menschen, sich ein Bild von sich selbst zu machen. Die ersten Photographien, die mehr als nur helle und dunkle Flecken aufwiesen, entstanden 1826 auf Zink- und Kupferplatten.[19] Ab der Mitte des 19. Jahrhunderts war die Photographie nicht mehr nur den höheren Schichten vorbehalten, was das Selbstwertgefühl der Bevölkerung veränderte und das soziale Geltungsstreben förderte. Das Porträtphoto war denselben ästhetischen Gesetzen unterworfen wie die offizielle Malerei. Idealisiert wurde der schöne Schein; alles, was als häßlich galt, wurde verleugnet. Nach 1860 setzte sich die Technik der Retusche, zur Beseitigung von Falten, Muttermalen und anderen Makeln, allgemein durch.[20]

Anders als im Mittelalter, wo nur die Leichen der sozial Ausgegrenzten unsymbolische Kadaver darstellen, wird im 20. Jahrhundert jeder tote Körper wie ein bedeutungsloser Kadaver behandelt. Der Arzt oder Bestattungsunternehmer kümmert sich umgehend um den Leichnam. Wollen die Angehörigen den Verstorbenen noch einmal sehen, müssen sie dies explizit äußern. Der tote Körper ist zumeist auf einen bedeutungslosen Kadaver reduziert beziehungsweise wird nicht mehr mit symbolischem Gehalt aufgeladen. Der Wandel vom symbolisch aufgeladenen toten Körper in den vergangenen Epochen zum bedeutungslosen Kadaver in unserem Jahrhundert ist eine Wandlung ins Gegenteil. Der Alterstod, der für die Gemeinschaft eine sinngebende Bedeutung hatte, ist heute der geächtete, der entwürdigende Tod. Alt und schwach, seine Körpersäfte nicht mehr unter Kontrolle haltend, stirbt der Mensch in Krankenhäusern oder Altersheimen, abgeschottet durch eine Tür oder Stellwand. Schwäche gilt als Mangel, fehlende Kraft macht den Menschen nutzlos.

---

[18]   Ariès/Duby (Hrsg.): Geschichte des privaten Lebens. 4. Band: Von der Revolution zum Großen Krieg, hrsg. von Michelle Perrot. Frankfurt am Main, 1992, S. 431.

[19]   Meyers Großes Taschenlexikon in 24 Bänden. Mannheim, Wien, Zürich, 3. Aufl., 1990, Stichwort „Photographie".

[20]   Ariès/Duby (Hrsg.): Geschichte des privaten Lebens, 4. Band, S. 434.

Niemand ist gerührt, der Tod hat etwas Lächerliches, sogar Lästiges bekommen. Er konfrontiert die Lebenden mit Schwäche und Kraftlosigkeit, die man nur ungern an sich heranläßt. Daß und warum wir Schwäche nicht zulassen wollen, beleuchtet Arno Gruen in seinem Buch *Der Verrat am Selbst*. Hier sei nur der Anfang des ersten Kapitels wiedergegeben:

> Die menschliche Entwicklung bietet zwei Möglichkeiten, die der Liebe und die der Macht. Der Weg der Macht, der den meisten Kulturen zugrunde liegt, führt zu einem Selbst, das die Ideologie des Herrschens widerspiegelt. Es ist ein Selbst, das auf einem Gespaltensein beruht, nämlich jener Abspaltung im Selbst, welche Leiden und Hilflosigkeit als eigentliche Schwäche ablehnt und Macht und Herrschaft als Mittel, Hilflosigkeit zu verneinen, in den Vordergrund stellt. [21]

Im 20. Jahrhundert ist die Beschäftigung mit dem Körper in zwei auseinanderklaffende Momente zerfallen. Gehuldigt wird dem Körperkult; der durch die Printmedien auf Hochglanz gebrachte und zum Ideal erhobene junge und schöne Körper steht im Zentrum. Im Gegensatz dazu gibt es den echten Körper, der irgendwann ein toter Körper ist und der versteckt und ausgeklammert wird. Der Leistungen eines Verstorbenen wird sich erinnert, sein toter Körper wird nicht beachtet oder bedacht. Die Toten haben keinen Ort mehr, außer im Gedächtnis der Lebenden. Die ewige Grabstätte verschwindet, Gräber werden nach 25 bis 30 Jahren aufgelöst; nach dieser Frist fallen die Toten endgültig der Mißachtung anheim, denn man braucht keinen Ort für die Toten mehr, da sie nicht mehr in gesellschaftliche Rituale eingebunden sind.[22] Auf die Abwendung vom Grab könnte die zunehmende Zahl der Feuerbestattungen hinweisen, die den toten Körper effektiv, schnell und spurlos beseitigen. Jetzt wiederholen sich die Bräuche der Antike, in der auch Feuerbestattungen, aus hygienischen Gründen und durch Aberglauben bedingt, praktiziert wurden. Nur hat die Feuerbestattung heute nichts mehr mit der Angst vor Wiedergängern zu tun. Alles, was mit dem toten Körper zu tun hat, wird in die Hände von Dienstleistungsunternehmen gelegt. Der tote Körper wird Spezialisten überlassen: Die

---

[21]   Gruen, Arno: Der Verrat am Selbst. Die Angst vor Autonomie bei Mann und Frau. München, 11. Aufl., 1998 [¹1986], S. 17.

[22]   Richard: Todesbilder, S. 68.

Bestattung regelt ein Bestattungsunternehmer, die Grabpflege kann an entsprechende Unternehmen abgegeben werden, der tote Körper gehört der Medizin. Selbst zu Hause gehört der Leichnam nicht automatisch den Hinterbliebenen. Bestattungsunternehmer haben einen düsteren Ruf. Ihr Gewerbe ruft ein Schauern hervor, weil sie als Spezialisten direkt mit dem Tod zu tun haben, obwohl sie erst nach dem Sterben hinzugezogen werden.

Hygiene und Sauberkeit sind im 20. Jahrhundert die Hauptmerkmale beim Umgang mit dem toten Körper.[23] Heute, wo nahezu alle todbringenden Krankheiten bezwungen sind, scheint Leben kein Glück mehr zu sein, sondern ein Recht, das man einfordert. Körperpflege umfaßt nicht mehr nur Reinigung und die Abwehr des Alters, sondern auch Impfungen zum Schutz vor Krankheiten: Schon bei geringen Erkrankungen ist man alarmiert, sucht einen Arzt auf und nimmt Medikamente. Die Fremdheit und Angst vor dem zerfallenden Körper aber werden spätestens seit der Säkularisierung durch kein traditionelles Ritual mehr gemildert. In den Beerdigungsinstituten werden die Leichen gewaschen, gekleidet und geschminkt, um ihnen den Anschein des Lebendigen zu geben. Dem toten Körper wird nicht gestattet, so zu erscheinen, wie er ist: etwas, das verwesen wird, etwas, das nicht mehr zu den Lebenden gehört. Kranke werden abgesondert wie Irre oder Verbrecher[24], wodurch der Kranke oder Sterbende auf das Biologische reduziert wird. Das Soziale seines Wesens, daß er mehr ist als nur ein Körper, der krank und moribund ist, wird ausgeklammert.

---

[23]   Richard: Todesbilder, S. 69.

[24]   Vgl. Richard: Todesbilder, S. 72.

3.1.2. *Die Trauer und die Bilder*

Was man in der Antike vom Leben nach dem Tode hielt, war eine Frage für sich, die mit Religion nichts zu tun hatte. Der Tod galt als „nichts", als ein ewiger Schlaf. Davon gibt die Grabmalkunst aus dieser Zeit Zeugnis. So zeigen die von Lessing untersuchten Darstellungen in seinem Werk *Wie die Alten den Tod gebildet* Schlaf und Tod als wohlgenährte, meist geflügelte Knaben, die einander sehr ähnlich sind. Ihre übereinandergeschlagenen Füße symbolisieren den entspannten Schlaf. Einer der Knaben symbolisiert hier also den Schlaf. „Aber warum diese nämliche Figur hier nochmals wiederholt? Nicht sowohl wiederholt, als vielmehr verdoppelt, um Bild und Gegenbild zu zeigen. Beides ist der Schlaf, das eine der überhingehende, das andere der lange dauernde Schlaf; mit einem Worte, es sind die ähnlichen Zwillingsbrüder, Schlaf und Tod."[25]

*Das Leben –
eine Schiffsreise (Abb. 4)*

Alle allgemein anerkannten Lehren behaupteten, daß nach dem Tod ein unbeseelter Leichnam übrigbleibe. Trotz dieser rationalen Sichtweise gab es aber wohl die Angst vor dem Tod. Ein Hinweis darauf findet sich in den Bestattungsriten und der Grabmalkunst, die die Angst vor dem Tod mindern sollten.[26] Das Grab wird als ein Ort des ewigen Verweilens gestaltet, als ein Ort des ewigen Schlafes. Die dunkle Zone zwischen Schlaf und Tod wird auf Kindergräbern zumeist durch einen schlafenden Putto, einen Kinderengel, dargestellt. Auf anderen Gräbern taucht das Motiv eines Schiffes oder eines Reisenden zu Pferde auf. Man stellte sich den Tod als eine Zeit des Rastens nach der langen Reise des Lebens vor. Als Ende der Lebensreise galt sozusagen der Grenzstein des Todes. Es gab auch

---

[25]   Lessing, Gotthold Ephraim: Wie die Alten den Tod gebildet. Stuttgart, 1984, S. 28f.

[26]   Ariès/Duby (Hrsg.): Geschichte des privaten Lebens. 1. Band: Vom Römischen Imperium zum Byzantinischen Reich, hrsg. von Paul Veyne. Frankfurt am Main, 1989, S. 214.

Das Leben als Wagenrennen (Abb. 5)

die Vorstellung vom Leben als einem Wagenrennen, was ebenfalls auf Grabsteinen dargestellt wird.[27]

Der Lieblingsgott der Grabestheologie war Bacchus[28], der Gott des Jenseits. Er stellte das tröstliche „Vielleicht" dar, von dem jeder schon gehört hatte. So steht auf dem Grabstein eines Jünglings: „Bacchus hat ihn entführt, um ihn zu seinem Eingeweihten und Gefährten zu machen."[29] Es ist wohl ein Versuch, das Unbegreifliche zu erklären. Die Angst vor dem Tod wurde auch dadurch geschürt, daß man nicht wußte, was die Toten den Lebenden antun konnten.

Die Angst vor der Wiederkehr der Toten beeinflußte die Form der Bestattung und bedingte die Verehrung der Toten, um sie dadurch zu besänftigen und zu verhindern, daß sie als Wiedergänger die Lebenden aufsuchten. So gab es bei den Römern ein Fest der Toten, das vom 13. bis zum 21. Februar dauerte. Opfergaben wurden in diesen Tagen an die Gräber verstorbener Angehöriger gebracht, darunter auch Speisen, ohne daß wirklich geglaubt wurde, daß die Toten sich davon ernähren würden. Das Christentum hat den Brauch der Grabbeigaben außer Kraft gesetzt, dennoch findet man

---

[27] Ariès/Duby (Hrsg.): Geschichte des privaten Lebens, 1. Band, S. 214.

[28] Hier spielt nicht der Glaube an Bacchus eine vorrangige Rolle, sondern Bacchus als fröhlicher Gott, den die Phantasie sich nach Belieben ausmalen konnte. Vgl. Ariès/Duby (Hrsg.): Geschichte des privaten Lebens, 1. Band, S. 216.

[29] Ariès/Duby (Hrsg.): Geschichte des privaten Lebens, 1. Band, S. 216.

auch in mittelalterlichen Grabstellen noch Schutzamulette und Weih-
rauchgefäße.[30]

Im Mittelalter gehörte der Tote sowohl im Kloster als auch in Adels-
haushalten zum privaten Leben.[31] In den reichen Familien waren
Krankheit und Tod tiefgreifende private Erfahrungen. Da Hospitäler
für die Armen bestimmt waren, wurden erkrankte oder sterbende
Angehörige zuhause versorgt und gepflegt, und sie starben auch
dort.[32] Die Menschen erlebten also zuhause die letzte Beichte, die
letzte Ölung, Sterben, Tod und nicht zuletzt die Angst vor dem Tod.
Es wurde nicht allein gestorben. Wenn der Sterbende das Ende na-
hen fühlte, rief er seine Angehörigen zu sich, um das Testament zu
verkünden und mit dem Finger deutlich auf die als Erben Gedachten
zu zeigen. War er dann verschieden, wurde alles Erdenkliche getan,
damit seine Seele nicht litt, weil die Furcht groß war, daß die Seele
des Toten die Lebenden behelligte. Sobald genug Geld beisammen
war, wurde dem Toten ein angemessenes Grabmal errichtet. In ei-
gens gegründeten Klöstern wurde der verstorbene Familienangehö-
rige beigesetzt. An diesem Ort wurden auch Jahrestage gefeiert.
Nicht nur der Todestag, sondern auch der Geburtstag des Verstorbenen wurde hier begangen. Die Familie des Toten speiste dann mit
ihm zusammen beziehungsweise an seiner Statt, um seinen Segen
zu erbitten. Dieses Ritual, um den Toten milde zu stimmen, wurde
nicht nur innerhalb der Familie angewandt. Nach der Ermordung
des Grafen von Flandern in Brügge 1127 zogen sich die Mörder in
die Kapelle zurück; dort „saßen sie um die Bahre, auf die sie Brot
und Becher gestellt hatten", damit also der ermordete Graf ihnen
verzeihen werde.[33]

Der Tod selbst hatte eine öffentliche und eine private Seite. Von
dem privaten Ort des Sterbebettes wurde der Leichnam von einer
Prozession, bestehend aus dem gesamten Haushalt, zu seinem

---

[30]   Ariès: Geschichte des Todes, S. 183.

[31]   Ariès/Duby (Hrsg.): Geschichte des privaten Lebens. 2. Band: Vom Feudalzeitalter zur Renaissance, hrsg. von Georges Duby. Frankfurt am Main,
1990, S. 93.

[32]   Ariès/Duby (Hrsg.): Geschichte des privaten Lebens, 2. Band, S. 260.

[33]   Ariès/Duby (Hrsg.): Geschichte des privaten Lebens, 2. Band, S. 93.

Grab geleitet. Dieser letzte öffentliche Auftritt des Verstorbenen hatte festliche Züge. Der ganze Ort konnte zusehen, und es wurden Geschenke an die Armen verteilt. Auch die Zeichen der Trauer waren öffentlich: Vor allem die Frauen heulten, zerrissen sich die Kleider und zerkratzten sich ihre Gesichter. Das wieder private Ritual der Beisetzung und des Abschiedes war trotzdem ein sehr geselliges, weil die gesamte Familie des Toten miteinander schmauste.[34] Durch symbolischen Austausch und Bestattungsriten waren die Toten noch eng mit der Gemeinschaft der Lebenden verbunden.

Nicht der physische Tod war gefürchtet – Christus hatte ihn stellvertretend für die Menschheit am Kreuz besiegt –, sondern der Tod der Seele, der die Trennung von Gott nach sich zog und somit ewige Verdammnis bedeutete. Für die Vergänglichkeit des irdischen Seins tritt das Motiv des „transi" auf.[35] Es ist die Darstellung einer Gestalt im Übergang zwischen zwei Zuständen.[36] Der Vergänglichkeit entspricht seine abstoßende Gestalt, die einen halbverfaulten, verwesenden, zuweilen von Maden und Würmern befallenen Körper darstellt. Der „transi" personifiziert den Tod, den Boten des Bösen. Fleischbrocken, Gewebereste von Kleidungsstücken, ein paar wirre Haarsträhnen und eine halb menschliche Gestalt geben ihm sein Erscheinungsbild. Meist ist auch seine Bauchhöhle offen und gibt den Blick auf heraushängende Gedärme frei. Das Motiv der offenen Bauchhöhle war in einer Vielzahl von Totentänzen prägend für die Darstellung der Todesgestalten.[37] Mit den Darstellungen von Totentänzen und den dazugehörigen allegorischen Dichtungen versuchte „das Volk mit kühnem, bitterem Humor über die Ungleichheit des Geschicks auf dieser Erde sich zu trösten" und „zugleich aber durch Versinnbildlichung des memento mori eine religiöse Erhebung zu

---

[34]   Ariès/Duby (Hrsg.): Geschichte des privaten Lebens, 2.Band, S. 93.

[35]   Richard: Todesbilder, S. 53.

[36]   Die Übersetzung des lateinischen ‚„transi"re' ist hinübergehen. Vgl. Langenscheidt-Wörterbuch, Lateinisch–Deutsch. Stuttgart, 1973, Stichwort „transeo".

[37]   Walther, Peter: Der Berliner Totentanz zu St. Marien. Berlin, 1997, S. 9.

Lübecker Totentanz (Ausschnitt) (Abb. 6)

gewinnen."[38] So stellen Totentänze mehrere, meist sechzehn oder vierundzwanzig Menschen verschiedenen geistlichen oder weltlichen Standes dar, die in einer Art Reigen sich an den Händen halten. Zwischen ihnen ist jeweils ein tanzender Toter. Alle Altersstufen und Stände reihen sich in den Totentanz. Symbolisiert wird mit diesem Motiv die Plötzlichkeit des Todes und die Gleichheit der Menschen vor dem Tod.

Im 16. Jahrhundert bekommen diese Tänze auch einen erotischen Bezug. Tod und Begierde verbinden sich in Motiven über den Tod und das Mädchen. In einer Szene aus dem Berner Totentanz der skelettene Tod von hinten seine dürren Arme um eine Jungfrau und berührt ihre Brust. Sein Gesicht ist dem ihrigen zugewandt, wie um sie zu küssen. In einem anderen Bild aus dem Jahr 1517 umschlingt der Tod in Gestalt eines „transi" eine Jungfrau und schiebt eine Hand unter ihren Rock zwischen ihre Schenkel. Die makabre Ikonographie mit ihrer genüßlichen Beschreibung des Verfalls ging einerseits von der Kirche aus, um Angst einzuflößen, war auf der anderen Seite aber auch ein Zeichen für die Liebe zum diesseitigen Leben und den Widerstand gegen den fleischlichen Tod und die biolo-

---

[38]   Brockhaus' Konversations-Lexikon. Band 15. Leipzig, 1895, Stichwort „Totentanz".

gischen Vorgänge, die er auslöst. Der „transi" taucht viel später erneut auf. Im 20. Jahrhundert ist der Verfall toter Körper noch in den Zombies, den lebenden Toten, in zahlreichen Horrorfilmen präsent.

Im 17. Jahrhundert verlor der Tod im ikonographischen Bereich sein menschliches Aussehen.[39] An die Stelle des von Würmern zerfressenen „transi" tritt der ausgetrocknete Tod, das saubere Skelett, wie es in Ensors *Der Triumph des Todes* zu sehen ist. Die Funktion des Sendboten der Hölle, des angsteinflößenden Mahners, die der „transi" innehatte, fällt nun dem körperlosen Schatten oder

Der Tod und das Mädchen (Abb. 7)

dem schwarzgewandetem Gespenst zu.[40] Die Bedrohung durch den Tod wurde zu einer immateriellen, die nicht mehr personifizierbar war. Das Skelett symbolisiert das Ende des Lebens. Der Tod, dargestellt durch das Skelett, wurde jetzt anders wahrgenommen. Von Tod und Verwesung zu sprechen, war kein striktes Tabu. Der tote Körper wurde zum Gegenstand wissenschaftlicher Untersuchungen.

Wurde um 1600 der Tod als geflügeltes Skelett mit Sanduhr dargestellt, das eine Bedrohung für alle war, eine Bedrohung, die alle gleich macht und kollektiv empfunden wird, sind am Ende des 18. Jahrhunderts Darstellungen von individuell Trauernden zu finden, die diese Trauer allein tragen müssen. Der Gedanke an das Jenseits scheint keinen Trost mehr zu bieten. Die Vorstellung vom „ewigen Schlaf" weicht der von einem Schritt ins Nichts. Nach dem Tod gibt es keinen Halt mehr, die religiöse Idee des Jenseits fällt langsam weg. Die verbindliche künstlerische Bildersprache fängt an,

---

[39]   Richard: Todesbilder, S. 57.

[40]   Ariès: Geschichte des Todes, S. 419.

sich aufzulösen. Vom „memento mori" fand ein Übergang zum persönlichen zum Souvenir statt, das die Erinnerung an den Verstorbenen wachhalten sollte und zugleich etwas von dessen Körper be-
wahrte.[41]

Tod, Leid und Schmerz waren Ende des 18. Jahrhunderts nicht
mehr getrennt. Bald werden auch Tod und Sexualität verquickt. „So
wird jener Todesschlaf Lessings (...) zum geistigen Beischlaf roman-
tisiert."[42] Die im 17. Jahrhundert nur vorsichtig angedeutete, tabui-
sierte Verbindung von Tod und Sexualität findet im 18. Jahrhundert
ihren Ausdruck in der Idee, daß der Tod das Hochgefühl der Wollust
nicht unterbricht, sondern sogar noch steigert.[43] Die ersten Anzei-
chen des Todes lösen nicht mehr Grauen aus, sondern Liebe und
Begehren.[44] Der tote Körper wird zum Gegenstand nekrophilen In-
teresses. Der Marquis de Sade scheut nicht vor Beschreibungen der
Vereinigung mit toten Körpern zurück.[45] Den Naturgewalten Sexualität und Tod wird keine soziale Verteidigung entgegengesetzt, weil
die Gesellschaft sie vernachlässigt hatte. Ein möglicher Grund könnte die Ordnung der Vernunft sein und die dadurch bedingte Abnah-
me des Aberglaubens. Der Glaube an die Hölle und somit die Angst
vor der Hölle verschwinden. Im 19. Jahrhundert ist dadurch auch die
Vorstellung vom Himmel eine andere geworden.[46]

Im 19. Jahrhundert ist das Totenbett nicht mehr die Stätte des letzten Willens, denn der wird inzwischen vom Gesetz geregelt. Dennoch bleibt es der Ort des Abschieds und der Familienversamm-
lung.[47] Das gewachsene Bewußtsein für das Individuum macht den
Tod in dieser Zeit zu einem persönlicheren und dramatischeren Einschnitt als früher.

---

[41] Richard: Todesbilder, S. 62.

[42] Nibbrig: Ästhetik der letzten Dinge, S. 241.

[43] Ariès: Geschichte des Todes, S. 476.

[44] Ariès: Geschichte des Todes, S. 477.

[45] Richard: Todesbilder, S. 63.

[46] Ariès: Geschichte des Todes, S. 784.

[47] Ariès/Duby (Hrsg.): Geschichte des privaten Lebens, 4. Band, S. 135.

Das Altern wird als Risiko erkannt, man ist bereit, sich zu versichern. Das ist ein Hinweis auf den sich auflösenden Familienzusammenhalt und die veränderte Wahrnehmung der Lebenszeit.[48] Gerade in Großstädten wird es schwierig, einen Sterbenden bei sich zu behalten, da die Wohnungen eng sind und die hygienische Distanz deshalb kaum eingehalten werden kann. Der bisher ins Leben integrierte Tod erscheint nun als lästiges Siechtum und Fäulnisprozeß. Es ändert sich hier noch ein entscheidender Punkt: Der Todeskampf weckt kein Mitleid mehr, sondern ruft Ekel hervor. „Alles begann mit dem Ekel: bevor man noch darauf sann, das physische Leiden abzuschaffen, begann man, seinen Anblick, seine Schreie und seine Gerüche für unerträglich zu halten."[49] Das führt immer mehr zum versteckten Tod im Krankenhaus. Tote müssen auf dem Standesamt gemeldet werden, damit die Angehörigen eine Erlaubnis für das Begräbnis bekommen. Über Leid und Trauer wird in der Öffentlichkeit geschwiegen, denn intime Gefühle zu äußern, gilt als unschicklich. Es bleiben nur die Riten, wie Todesanzeigen, Trauerkleidung und offizielle Trauerzeit.[50]

In dieser Zeit findet der Siegeszug der Photographie statt, der seinen Niederschlag auch auf den Friedhöfen findet: Stereotype Grabinschriften werden durch ein in den Stein eingelassenes Porträtphoto des Verstorbenen ergänzt.

Im 19. Jahrhundert spaltet sich der Gedanke an den Toten in einen kollektiven und einen privaten. Im privaten Bereich werden Zimmer so belassen, wie sie zu Lebzeiten des Toten waren, Souvenirs werden gesammelt; erst vom Toten selbst, wie zum Beispiel Haarsträhnen, später vermehrt Photographien der Verstorbenen.

Die Medizin wird von der Todesfurcht befreit und der Tod in ein technisches und begriffliches Instrumentarium eingebunden. Der tote und auch der sterbende Körper wird zunehmend dem Pflegepersonal und den Medizinern überlassen. Sterben und Tod werden im familiären Alltag mehr und mehr als unschicklich angesehen. Die

---

[48]   Ariès/Duby (Hrsg.): Geschichte des privaten Lebens, 4. Band, S. 179.

[49]   Ariès: Geschichte des Todes, S. 788.

[50]   Ariès/Duby (Hrsg.): Geschichte des privaten Lebens, 4. Band, S. 263.

Reinlichkeit des Körpers und ein adrettes Erscheinungsbild, von dem auf eine gesunde Seele geschlossen wird, werden zu einem bürgerlichen Wert. Thomas Mann beschreibt in den *Buddenbrooks*, wie der von Sorge zerfressene und alternde Thomas Buddenbrook, pingelig auf seine äußere Erscheinung bedacht, seine Umgebung und sich über den wahren Zustand zu täuschen versucht. „Man fand, daß Thomas Buddenbrook verfallen aussah – ja, dies war trotz der nachgerade ein wenig komisch wirkenden Eitelkeit, mit der er sich zurechtstutzte, das einzig richtige Wort für ihn (...) Dieser Mann mit seiner nagenden Sorge um die Ehre seines Hauses, (...) dieser abgenutzte Mann, der seinen Körper mit Mühe und Kunst elegant, korrekt und aufrecht erhielt, er plagte sich mit der Frage, (...) ob (...) die Seele unmittelbar nach dem Tode in den Himmel gelange (...)."[51] Der Moribunde mit den Ausdünstungen seines Körpers kann diesem Wert nicht Genüge tun. Das Sterben ist zu einem Vorgang geworden, der Ekel hervorruft. Ekel und Scham der Angehörigen, die zum Beispiel nur ungern Außenstehende in das Zimmer eines Sterbenden lassen, sind der Anfangspunkt der Verdrängung des Leidens.

Heute ist der Tod endgültig in Krankenhäuser verbannt. Tabuisiert sind öffentliche Trauer und Tränen um die Toten. Der Erkrankte wird häufig nicht über seinen wahren Zustand, nämlich daß er sterben wird, aufgeklärt. Der Sterbende spielt einen, der nicht sterben wird, seine Umwelt spielt mit. Das raubt dem Moribunden seinen Tod und der Gesellschaft ihre Trauer. „Die Lüge, selbst wenn sie beiderseitig und komplizenhaft war, nahm dem innigen Austausch der letzten Stunde die Freiheit und Pathetik."[52] Der Tod hat nun endgültig sein verbindendes Element zwischen den Lebenden und den Sterbenden verloren. Die Gemeinschaft untersagt sich im 20. Jahrhundert die Rituale kollektiver Trauer. Dieses vereinende Element, das aus den Menschen eine Gemeinschaft machte, ist natürlich durch andere Zwänge und Kontrollen ersetzt worden, die die Gemeinschaft am Leben erhalten.[53]

---

[51] Mann, Thomas: Buddenbrooks. Verfall einer Familie. Frankfurt am Main, 1989, S. 643 und 660f.

[52] Ariès: Geschichte des Todes, S. 786.

[53] Foucault, Michel: Überwachen und Strafen. Die Geburt des Gefängnisses. Frankfurt am Main, 1994.

Der nur noch für Experten wie Mediziner oder Pflegepersonal sichtbare Tod – zu Hause zu sterben ist etwas Ungewöhnliches geworden, wie auch zu Hause zu gebären – wird für alle anderen von den Medien sichtbar gemacht. Die Gestaltung der Bildsprache wird allerdings auch von den Medien übernommen. Hier kann man ohne Unbehagen aus sicherer Distanz und ohne von Verwesungsgerüchen belästigt zu werden den Tod betrachten – angeblich. Durch die Medien wird eine gemeinsame Idee des Todes geliefert und versucht, eine gemeinsame Symbolisierung zu finden. Es gibt einen Konsens über das, was als schrecklich, rührend oder normal empfunden wird. Die Auseinandersetzung mit dem Tod ist gegenwärtig, geschieht aber nicht mehr auf dem Hintergrund einer einheitlichen Grundlage. Das zeigt sich am Beispiel der Ausstellung *Körperwelten*[54], die intensiv diskutiert wird. Da die Diskussion nicht auf der Basis einer gemeinsamen Grundlage geführt werden kann, klaffen die Standpunkte weit auseinander.

Das Medienbild übernimmt die gesellschaftliche Rolle des Körpers, der immaterialisiert, auf Hochglanz gebracht und eigentlich aufgelöst werden soll. Bis ins 18. Jahrhundert selbst ein magisches Medium, man denke an die dem Leichnam zugesprochene Heilkraft oder die Verbindung von Eros und Thanatos, wird der tote Körper heute nur noch durch die Medien vermittelt. Der tote Körper wird von einem Todesbild abgelöst, das nur aus Oberfläche besteht. Die Medien vermitteln sozusagen einen hohlen toten Körper, einen hohlen Tod, weil eine Oberfläche keinen Körper füllen kann. Der Tod scheint heute mehr denn je eines Bildes zu bedürfen und birgt gleichzeitig mehr denn je ein Bild des Todes.

---

[54] Körperwelten ist eine Wanderausstellung, deren Initiator Gunther von Hagens ist. Ausgestellt werden plastinierte menschliche Leichen. Die Ausstellung wurde gezeigt u.a. in Berlin vom 10.Februar 2001 bis 01.Juli 2001, vgl. Kapitel 5.2.1.

3.2. *Den Tod tauschen: Der „primitive" und der moderne Mensch*

Die Unterschiede im Umgang mit dem Tod, die zwischen früheren Epochen und Kulturen und unserer Zeit bestehen, werden von Baudrillard in *Der symbolische Tausch und der Tod* deutlich gemacht. Baudrillard unterscheidet zwischen primitiven und zivilisierten Todesbildern. In den primitiven Kulturen, damit sind die archaisch-rituellen Kulturen gemeint, wird der Tod auf symbolischer Ebene getauscht.

Für die Wilden ist der Tod nicht biologisch erklärbar. Was für uns, eine zivilisierte Kultur, den Status der Notwendigkeit hat, hat in einer primitiven Kultur „einfach gar keinen Sinn".[55] Die Wilden haben den Tod nie objektiviert, für sie ist der Tod eine soziale Beziehung und etwas Gesellschaftliches. Das Wesen des Todes liegt für sie in seiner Form, die immer eine soziale Beziehung ist. Der symbolische Tausch findet zum Beispiel bei der Initiation, der Zeit symbolischer Handlungen überhaupt, statt. Die Gruppe der Ahnen verschlingt die jungen Initiationskandidaten, die symbolisch sterben, um wiedergeboren zu werden. Dieser symbolische Tod wird zum Einsatz in dem Austausch zwischen den Ahnen und den Lebenden. Anstelle eines absoluten Endes oder Bruches wird damit ein gesellschaftliches Verhältnis zwischen den Lebenden und den Toten errichtet. Es besteht eine Zirkulation von Gaben und Gegengaben, die verhindern, daß sich der Tod als Einschnitt oder Ende etablieren kann.[56]

Durch die Initiation gelangt man vom natürlichen und irreversiblen Tod zu einem gegebenen und erhaltenen Tod, was gleichzeitig den Gegensatz von Tod und Geburt verschwinden läßt. Denn indem

---

[55] Baudrillard, Jean: Der symbolische Tausch und der Tod. München, 1991, S. 206.

[56] Baudrillard: Der symbolische Tausch, S. 208. Ein anderer Gabentausch findet zum Beispiel durch eine Opfergabe statt. „Durch die Opfergabe eines Fleischklößchens übergibt der Bruder seine Frau einem Toten der Familie, um ihn wieder lebendig zu machen. Durch die Nahrung wird der Tote in das Leben der Gruppe eingeschlossen. Aber der Tausch ist reziprok. Der Tote übergibt seine Frau, den Boden des Clans, einem Lebenden seiner Familie, um wieder zu leben, indem er sich ihm verbindet und ihn wieder lebend macht." (Baudrillard: Der symbolische Tausch, S. 208)

Geburt und Tod bei der Initiation nicht mehr die Begrenzungspunkte des Lebens sind, sondern einander durchdringen, also zeitgleich auftreten, stehen sie sich nicht mehr als zwei weit auseinanderliegende, unvereinbare Pole gegenüber. Das zu initiierende Kind „muß die Reise des Lebens und des Todes machen, um in die symbolische Realität des Tausches einzutreten".[57] Auf der symbolischen Ebene gibt es also keine Trennung zwischen den Lebenden und den Toten. Die Toten haben lediglich einen anderen Status, und Sichtbares und Unsichtbares schließen einander nicht aus; es sind einfach zwei mögliche Zustände einer Person.

Der Unterschied zwischen Lebenden und Nicht-Lebenden ist eine Unterscheidung, die nur wir in einer zivilisierten Gesellschaft treffen. Der Tod tauscht sich nach Baudrillard aber in jedem Falle; „bestenfalls tauscht er sich nach einem gesellschaftlichen Ritus, wie bei den Primitiven, schlimmstenfalls wird er durch individuelle Trauerarbeit abgezahlt".[58] Ein weiterer Unterschied zwischen symbolischen Prozessen, denen der rituelle Tausch zugrunde liegt, und ökonomischen Prozessen, die das Individuelle, die Arbeit und die Schuld als Grundlage haben, ist der gedankliche Umgang mit den Toten. Für uns bedeutet er Melancholie, für die Primitiven bedeutet er Riten und Feste.

Das Symbolische ist bei Baudrillard ein Tauschakt, der den Tod als „das Reale" auflöst und den Gegensatz zwischen Realem und Imaginärem beendet. Dieser „symbolische Tausch" ist ein Gabentausch. Aus dem biologischen Tod wird durch Trauer, Rituale und Religion ein soziales Ereignis, das die individuelle Endlichkeit abmildern soll. Das Begräbnisritual ist ein Beispiel für den symbolischen Tausch. Der Verstorbene wird in die symbolische Tradition aufgenommen, was ihm ein Weiterleben im Gedächtnis der Trauergemeinschaft ermöglicht. Durch das Ritual wechselt der Tote von der Gruppe der Lebenden in die neue soziale Gruppe der Toten. Die Bestattungsrituale dienen den „Primitiven" nicht nur zur Ehrung der Toten, sondern auch dazu, diese milde zu stimmen und so zu verhindern, daß die Toten als Wiedergänger die Lebenden heimsu-

---

[57] Baudrillard: Der symbolische Tausch, S. 208.
[58] Baudrillard: Der symbolische Tausch, S. 213.

chen. Die Toten werden von der Gemeinschaft immer wieder durch
rituelle Handlungen in die Kommunikation und Interaktion miteinbe-
zogen, die den Toten Ruhe schenken sollen.[59]

Auch in der christlichen Gemeinschaft gibt es diese Rituale, wie zum
Beispiel Seelenmessen, Allerheiligen und Totensonntag; sie werden
aber seltener und nicht mehr im privaten Bereich vollzogen. Ein anderes Ritual ist das kollektive Sakrament der Taufe, das das „tödli-
che Ereignis der Geburt"[60] umschreibt. So äußert sich Paulus im
Brief an die Römer über die Taufe: „Oder wißt ihr nicht, daß alle, die
wir auf Christus Jesus getauft sind, die sind in seinen Tod getauft?
So sind wir ja mit ihm begraben durch die Taufe in den Tod, damit,
wie Christus auferweckt ist von Toten durch die Herrlichkeit des Va-
ters, auch wir in einem neuen Leben wandeln."[61] Die Lösung der
Gemeinschaft von ihren Toten verliert immer mehr ihren prozeßhaf-
ten Charakter. Eine langsame Integration der Toten in das Toten-
reich wird nicht mehr vollzogen. Zurück bleibt das Begräbnisritual,
danach hört der Verstorbene sofort auf, ein Interaktionspartner zu
sein. Der Tod ist für uns etwas geworden, was nach Baudrillard
nicht mehr „getauscht" werden kann. Der durch die moderne Wissenschaft festgelegte punktuelle und biologische Tod – die „Maschine" funktioniert oder sie funktioniert nicht – ist ein ausgelagerter
Tod. Es gibt kein „Danach" mehr, und die Toten haben durch diesen
Ausschluß keine Existenz mehr. Die Lebenden versuchen anscheinend, sich durch die Ausgrenzung und sofortige Verbannung der
Toten als Lebende zu definieren.[62]

Bei den Primitiven ist der Tod die Wirkung eines gegnerischen Willens, der nicht durch die Biologie, sondern durch die Gruppe absorbiert werden muß.[63] Unser Bedürfnis nach Katastrophen könnte daher rühren, daß wir keinen wirksamen Ritus zur Absorption des Todes haben. Der Unfalltod, der den gewaltsamen und künstlichen

---

[59]   Richard: Todesbilder, S. 82.

[60]   Baudrillard: Der symbolische Tausch, S. 209

[61]   NT, Römer 6: 3, 4, in: Die Bibel, nach der Übersetzung Martin Luthers.
       Stuttgart, 1985.

[62]   Richard: Todesbilder, S. 82.

[63]   Baudrillard: Der symbolische Tausch, S. 260.

Eingriff des Todes verkörpert, fasziniert durch seine Künstlichkeit. Er hat etwas Technisches (zum Beispiel Autowrack), nicht Natürliches und dadurch scheint er etwas Beabsichtigtes zu haben, was ihm einen Sinn verleiht. Denn bedrohlich bleibt der natürliche Tod am Ende eines Lebens, da Biologie, Medizin und Maschinen keine Macht haben, ihn aufzuhalten. Der Unfalltod bietet also eine „Sicherheit" an, die der natürliche Tod nicht bietet.

„Kontrolle", „Funktionieren" und „Sicherheit" sind unsere Stichworte. Das Sicherheitsbedürfnis entsteht aus der Angst vor dem Tod, die Angst vor dem Tod entsteht dadurch, daß wir den Tod nicht tauschen können. Es gibt Sicherheitskräfte, Sicherheitsschlösser (die den Besitz und den Körper schützen sollen), Lebensversicherungen, Sicherheitsgurte. All das soll uns so gut wie möglich vom Tod trennen, gibt uns das beruhigende Gefühl, den Tod weggegeben zu haben und der Verantwortung für den Tod enthoben zu sein. Und dennoch scheint das verspürte Recht auf Sicherheit etwas ganz anderes zu sein als die Sicherheit selber. Autofahrer rasen unangeschnallt und betrunken auf den Straßen, Skifahrer wagen sich auf sogenannte Todespisten, Fahrradfahrer fahren nachts ohne Licht auf der falschen Straßenseite. Menschen holen sich den „Kick" beim Bungee-Jumping, in der Achterbahn oder beim Rafting. Den Tod abzugeben, aus der persönlichen Verantwortung zu verbannen, um sich dann nicht mehr um ihn zu scheren, scheint hier das Prinzip zu sein.

Vielleicht hat der Mensch immer noch das Bedürfnis, den eigenen Körper zum Tausch anzubieten, mit dem Tod zu kommunizieren und ihn in das Leben zu integrieren. Vielleicht geht der Tod wegen seiner Verdammung und Verbannung inkognito auf alle Handlungen und Gegenstände über. Bei Produkten gibt es Sollbruchstellen, damit die Ökonomie nicht zum Stillstand kommt, ein Manager kann sich zu Tode arbeiten, und all das geschieht gut versichert. Unser Körper existiert ohne Tausch „als Ort, in den der unveräußerliche Tod eingeschlossen ist."[64]

Dieser Überblick über die Geschichte des Todes im Abendland zeigt, daß sich der Umgang mit dem toten Körper und der Umgang

---

[64]   Baudrillard: Der symbolische Tausch, S. 262.

mit der Trauer immer wieder verändert haben. Diese Veränderungen schlagen sich in den Bestattungsbräuchen, den Ritualen und in den Bildern einer Epoche nieder. Auffällig ist, daß der Bestattungsbrauch der Leichenverbrennung, der in der Antike einige Zeit praktiziert wurde und dann lange Zeit unüblich war, heute wieder angewandt wird, wenn auch aus anderen Gründen. Ebenso gibt es heute wie in der Antike keinen einheitlichen Glauben an das Jenseits. Eine Art Kreisbewegung hat anscheinend stattgefunden; Bräuche und Sitten, die lange schon keine Anwendung mehr gefunden haben oder sogar unter Strafe standen, kehren wieder und machen so aus der linearen Sichtweise auf die Geschichte eine zirkuläre. Interessant für die Geschichte des Todes ist dabei ihr eigener Verweis auf Vergehen und Wiederentstehen, also auf Leben und Tod.

So unterschiedlich der Umgang mit dem Tod sich im Laufe der Zeit darstellen mag, eines haben die Menschen aller Epochen gemeinsam: Der Mensch bannt seine Toten immer an einen bestimmten Ort: das Grab. Und er gibt ihnen einen unsterblichen Körper: das Bild.

4. Das Bild und der Tod

Zum Glück sterben gewisse Personen noch: Sie und ich. Und immer vor der Zeit. Dadurch wird es immer wieder Platz geben für einen Bacon, einen Balthus und einen Cremonini, für einen Robert Bresson oder einen Kubrick. Alles Bildermacher, die das Rennen gegen den Tod gewinnen wollen. Solange der Tod besteht, gibt es auch Hoffnung – auf Ästhetik.[65]

4.1. Die Ästhetik

Die Ästhetik (vom grch. aisthànesthai, empfinden, fühlen) ist die Wissenschaft vom Schönen.

Das Altertum kennt noch keine Wissenschaft vom Schönen, obschon Plato, Aristoteles und die Neuplatoniker darüber philosophiert haben. Sowohl Antike als auch Mittelalter entwickelten Theorien des Schönen und Theorien der Kunst unabhängig voneinander.[66] Die Kunst wird nicht als der Ort des Schönen gesehen, noch gibt es keinen Begriff einer spezifisch ästhetischen Kunst. Das Schöne wird auch nicht scharf vom Guten geschieden. Die Theorien in Antike und Mittelalter erklären die Kunst für eine Nachahmung entweder der sinnlichen Erscheinung (Plato) oder der Idee in Dingen (Aristoteles). Es gibt bei Aristoteles noch keinen Ästhetikbegriff, sondern nur die Aisthesis. Aisthesis meint, daß das Schöne durch den Gesichtssinn wahrgenommen wird. Für Aristoteles soll die Kunst vollenden, was die Natur nicht zu Ende zu bringen vermag und andererseits soll sie das Naturgegebene nachahmen.[67] Platon behandelt das Problem der Schönheit im Zusammenhang mit dem Guten. Laut Platon kann man am Schönen das Gute und das Wahre erkennen. Aristoteles meint mit dem Schönen das Wohlgestaltete und das An-

---

[65]   Debray: Jenseits der Bilder, S. 33.

[66]   Scheer, Brigitte: Einführung in die philosophische Ästhetik. Darmstadt, 1997, S. 7. Das Kapitel 4.1. stützt sich auf die Ausführungen von Brigitte Scheer, weil in diesem ein exemplarischer Überblick über die Geschichte der Ästhetik gegeben wird.

[67]   Scheer: Einführung in die philosophische Ästhetik, S. 23.

gemessene. Das Schöne wird als ein Mittel des Maßhaltigen eingesetzt.

Platon kritisiert die nachbildende Kunst, vor allem die Malerei, als
eine, die Trugbilder des wahren Seins produziere. Jede Mimesis hat
für Platon bereits ein gebrochenes Verhältnis zur Wahrheit. Platon
hat hier die Kunst vor Augen, die den Schein, der aller Kunst innewohnt, zu verschleiern versucht.[68] Die Kategorie des Scheins taucht
also mit dem Beginn der ästhetischen Reflexion auf, wird bei Platon
aber noch nicht als positiv für das ästhetische Phänomen eingesetzt. Das Schöne als Ausdruck und Maß des Guten fordert für das
Gute das Sein und nicht den bloßen Schein; die Verschränkung von
Sein und Schein als das Wesen des Schönen bleibt hier undenkbar.
[69]

Getrennt vom Schönen ist der Kunstbegriff in der Antike und diese
Trennung bleibt auch im Mittelalter bestehen. Auch im Mittelalter ist
man überzeugt, daß alle Kunst im Grunde Mimesis sei. Die Christo-
logie wird von Plotin mit der Aisthetik verbunden. Das Göttliche steht
im Vordergrund, was sich in Gemälden zum Beispiel in einem gol-
denen Hintergrund anstelle einer Landschaft zeigt. Das Mittelalter
geht davon aus, daß die göttliche Schöpfung schön ist. Und gut und
schön konnte ein Werk nur sein, wenn es für seinen Zweck ange-
messen gestaltet war.[70] Der Künstler galt nicht als der Schöpfer einer Idee, sondern war der, der die (meist göttliche) Idee mit seinen
handwerklichen Mitteln realisierte. Das Allgemeine hatte Vorrang
vor dem Einzelnen; der Künstler arbeitete nicht als Einzelner, sondern in einer Zunft.[71]

Auch in der Renaissance basiert die Kunstproduktion noch auf dem
Begriff der Mimesis. Eine Veränderung gegenüber dem Kunstbegriff
in Antike und Mittelalter besteht in dem neu gewonnenen, freieren
Verhältnis zur Natur. Die aufkommende Kritik an der Kirche, die
Trennung von Glauben und der Erkenntnis durch den Verstand und

---

[68]   Vgl. Scheer: Einführung in die philosophische Ästhetik, S. 22.

[69]   Vgl. Scheer: Einführung in die philosophische Ästhetik, S. 9.

[70]   Scheer: Einführung in die philosophische Ästhetik, S. 23.

[71]   Scheer: Einführung in die philosophische Ästhetik, S. 22.

die dadurch bedingte Aufwertung des Einzelnen bewirken diese neue Unvoreingenommenheit der Menschen gegenüber der Natur. Sie ist nicht mehr primär die Schöpfung Gottes, sondern auch Gegenstand individueller Beobachtungen.[72] Sichtbare Dinge verlieren ihren Scheincharakter und sind nicht mehr vorrangig Metaphern für metaphysische Konzepte. Nicht die Ideen sind mehr die Norm der Wirklichkeit, sondern die Gesetzmäßigkeiten, die sich an den Erscheinungen der Natur selber zeigen. Die möglichst naturgetreue Wiedergabe dieser Erscheinungen ist das Prinzip der Kunst in der Renaissance, weil in ihnen selbst die Wahrheit gefunden werden kann.

Der Gesichtssinn, der zur Erfassung von Kunst und damit von Wirklichkeit vonnöten ist, ist Anlaß für die Malerei, die Gegenstände genauso darzustellen, wie sie der Betrachter beim Sehvorgang wahrnimmt. Diesem Bestreben verdankt die Zentralperspektive ihre Geburt. Da alle Gegenstände in der Zentralperspektive dem Auge des Betrachters angepaßt werden, handelt es sich bei dieser Perspektive um eine Subjektivierung der Objektwelt. Die oben genannten Strömungen, die zu einer Aufwertung des Einzelnen beitrugen, schlagen sich also auch in der Malerei als ein entscheidender Einschnitt in der Entwicklung der Weltsicht nieder. Das erkenntnistheoretische Problem der Subjekt-Objekt-Beziehungen wird hier bereits vor seinem Niederschlag in der Philosophie gestalterisch vorweggenommen. Erst nach der Kunstblüte der Renaissance erwacht wieder das Bedürfnis, sich auch theoretisch über den Begriff des Schönen zu verständigen.[73]

Der eigentliche Begründer einer wissenschaftlichen Ästhetik ist jedoch Alexander Gottlieb Baumgarten. Mit seiner 1750 erschienen *Aesthetika* ist er sozusagen der Namensgeber der neuen Disziplin. Hat man in der Renaissance bereits versucht, die Theorien der Kunst mit denen des Schönen zu verbinden, ergänzt Baumgarten diese beiden Probleme um den erkenntnistheoretischen Aspekt der Sinnlichkeit. Nicht allein schöne Gegenstände der Kunst und Natur, sondern auch eine besondere Form der Wahrnehmung dieser Ge-

---

[72] Scheer: Einführung in die philosophische Ästhetik, S. 24.

[73] Vgl. Scheer: Einführung in die philosophische Ästhetik, S. 30f.

genstände werden in Baumgartens Theorie behandelt.[74] Er verbindet die zumeist getrennt voneinander behandelten Probleme der ästhetischen Theorie: die Theorie der Kunst, die Metaphysik des Schönen und eine Gnoseologie der Wahrnehmung.[75] Ein vollständiges Erkennen kann nach Baumgarten nur durch ein wissenschaftliches und ästhetisches Denken erreicht werden. Die ästhetische Erkenntnis dient der Wahrnehmung komplexer Phänomene, um sie sich in ihrer anschaulichen Dichte zu vergegenwärtigen. Es geht nicht um spezielle Bestimmungen, sondern um die Fülle der Merkmale eines Gegenstandes und seine dadurch bedingte Besonderheit. Das Besondere zu erkennen ist für Baumgarten die eigentliche Leistung der sinnlichen Erkenntnis.[76] Die Kunst sollte alles, was sie darbietet, mit einem Sinn für das Besondere darbieten. Das sinnliche Erkennen ist aber nicht auf das Medium der Kunst angewiesen.

Die Wissenschaft der deutlichen Erkenntnis war die Logik, die der sinnlichen Erkenntnis fehlte noch; diese schuf Baumgarten in seinem Werk *Aesthetika acromatica*, wo er das Schöne als das Vollkommene der sinnlichen Erkenntnis bezeichnet.[77] Dieselbe Vollkommenheit erscheint nämlich für den Verstand als das Wahre, für den Willen als das Gute und für die sinnliche Erkenntnis als das Schöne. Sensitives Erkennen (cognito sensitiva) bezeichnet Baumgarten als unteres Erkenntnisvermögen. Ein vollständiges Erkennen kann nur durch das Zusammenspiel von wissenschaftlichem und ästhetischem Denken erreicht werden. Der Geschmack wird in Analogie zum Verstand gebracht, und gleichzeitig klar von ihm unterschieden.[78] Von der Kunst verlangt er Nachahmung der Natur, weil er im Sinne von Leibniz die vorhandene Welt für die beste hält; Phantasieschöpfungen der Kunst steht er daher ablehnend gegenüber.

Mit Kant beginnt die tiefere Begründung der Ästhetik. Auch er weist ihr eine Mittelstellung zwischen der Wissenschaft des Erkennens

---

[74] Seel, Martin: Ästhetik des Erscheinens. München, Wien, 2000, S. 16.

[75] Scheer: Einführung in die philosophische Ästhetik, S. 55.

[76] Vgl. Seel: Ästhetik des Erscheinens, S. 17.

[77] Scheer: Einführung in die philosophische Ästhetik, S. 63.

[78] Scheer: Einführung in die philosophische Ästhetik, S. 66.

und der des Wollens (Moral) an. Das Ästhetische im allgemeinen gefällt durch seine Übereinstimmung mit unserer Auffassungsweise überhaupt (die aber allgemeingültig ist) ohne einen bestimmten Zweck und ohne Begehren: Es drückt schlicht ein „Wohlgefallen oder Mißfallen ohne alles Interesse aus"[79]; es handelt sich dabei um ein reines Geschmacksurteil. Die Ästhetik zerfällt in die Lehre vom Schönen, das unmittelbar jenes Wohlgefallen erregt, und in die vom Erhabenen, das durch Beziehung auf das unbedingt Große gefällt. Vom Angenehmen unterscheidet sich das Schöne dadurch, daß es allgemeingültig ist und kein Begehren erregt.

Laut Kant sind unbedingt alle Kräfte des Erkennens an der ästhetischen Wahrnehmung beteiligt, trotzdem komme es in der ästhetischen Wahrnehmung nicht auf Erkenntnis an.[80] In ihr sind wir frei von den Zwängen begrifflichen Erkennens und gleichzeitig frei für die Erfahrung der Bestimmbarkeit unseres Selbst und der Welt. Es geht in der ästhetischen Kontemplation nicht um bestimmte Einsichten.[81] Der Mensch wird also durch die enorme Größe der Wirklichkeit, wie zum Beispiel gewaltiger Naturerscheinungen, nicht eingeschränkt und überfordert, sondern erhoben, weil die Vernunft durch das Sich-selbst-fühlen-können in ihrer Unabhängigkeit bestätigt wird. Das Erhabene, das laut Kant nur an der rohen Natur erfahren werden kann, zeigt zwar dem Menschen seine physische Unterlegenheit gegenüber der Natur, ermöglicht es ihm aber gleichzeitig, sich von ihr unabhängig zu beurteilen.[82] Eine ästhetische Idee kann keine Erkenntnis werden, regt aber die begriffliche Fähigkeit in hohem Maße an, so daß sie zu einer Erkenntnis führen kann.[83]

Schiller, sich an Kant anschließend, sucht seinen strengen Begriff der Sittlichkeit ästhetisch zu mildern. Kant will nämlich die Neigung von der Pflicht fern halten, während Schiller gerade in der Übereinstimmung von Pflicht und Neigung, Vernunft und Sinnlichkeit den

---

[79]   Immanuel Kant zitiert nach Scheer: Einführung in die philosophische Ästhetik, S. 87.

[80]   Seel: Ästhetik des Erscheinens, S.18.

[81]   Seel: Ästhetik des Erscheinens, S. 18.

[82]   Vgl. Scheer: Einführung in die philosophische Ästhetik, S. 92ff.

[83]   Scheer: Einführung in die philosophische Ästhetik, S. 110.

Charakter des Ästhetischen und der Kunst sucht und in das Schöne eigentlich die Vollendung des Sittlichen setzt.

Die letzte Stufe der Weiterentwicklung der Philosophie Kants ist der sogenannte absolute Idealismus. Hegel ist einer seiner Hauptrepräsentanten. Hegel betont bei der Schönheit mehr das Erzeugnis als die Tätigkeit. Er bringt das Schöne mit der Religion in Verbindung, Einheit beider ist die Philosophie. Auch für ihn sind in bezug auf das Absolute (die Idee) Wahrheit und Schönheit dasselbe; aber die Schönheit ist die unmittelbar angeschaute Wahrheit, d. h. das Begriffliche in sinnlicher, konkreter Existenz, während das Wahre an der sinnlichen Existenz nur die Idee hervorhebt. Das Schöne bestimmt sich für Hegel als „das sinnliche Scheinen der Idee".[84] Die Wahrheit wird durch das Schaffen eines Kunstwerkes als im Material scheinende und erscheinende begriffen. Der Mensch muß die Dinge um sich herum ein zweites Mal formend und denkend produzieren, um sie sich für das Bewußtsein aneignen zu können. „Kunst ist eine Form der bewußten Weltaneignung durch Prozesse der Darstellung von Welt."[85] Dadurch, daß Kunst einen anschaulichen Begriff von etwas zu produzieren vermag, ist sie eine Möglichkeit, die Wahrheit in Erfahrung zu bringen.

Von Kant geht auch Schopenhauer aus; ihm ist die gegebene Welt nur Erscheinung des Willens in Raum, Zeit und Kausalität. Diese Erscheinung hat verschiedene Stufen der Objektivation des Willens, welche unvergänglich sind und die Schopenhauer mit den Platonischen Ideen identifiziert. Insofern das Subjekt in einzelnen Dingen jene Ideen anschaut, findet es dieselben schön; doch dazu muß das Subjekt in der Anschauung des Dinges sich selbst vergessen, als Individuum verschwinden. Es geht nicht um die individuellen Erscheinungen der Dinge, sie sind lediglich der äußerliche Anlaß für ästhetische Wahrnehmung.[86] Die Anschauung eines Kunstwerkes soll den Betrachter in ein „Subjekt der Erkenntnis" verwandeln, das die Welt des alltäglichen Lebens und Strebens als Illusion durch-

---

[84]   Zitiert nach Scheer: Einführung in die philosophische Ästhetik, S. 122.

[85]   Scheer: Einführung in die philosophische Ästhetik, S. 123.

[86]   Seel: Ästhetik des Erscheinens, S. 24.

schaut.[87] Für Hegel hatte das Schöne sein Leben im Schein, für Schopenhauer ist die Welt der Erscheinungen mit der des Scheins, der Täuschung gleichgesetzt.[88]

Die Kunst ist für Hegel eine Möglichkeit, die Wahrheit in Erfahrung zu bringen, und Heidegger bezeichnet die Kunst als das „Ins-Werk-Setzen der Wahrheit".[89] Das Erscheinen des künstlerischen Materials bringt die bedeutungsgeladene Erscheinung eines Kunstwerkes hervor.[90] Die Präsentation der Welt durch die Kunst wird nur durch die Selbstpräsentation ihrer Werke möglich. Heidegger möchte die Erscheinung der empirischen Welt von dem sinnlichen Sichdarbieten künstlerischer Objekte unterschieden haben. Die Wahrheit des Dargestellten erschließt sich für Heidegger nicht aus dessen alltäglichem Kontext, sondern offenbart sich in dem plötzlichen Aufscheinen, das eintritt, wenn das Werk sich zurücknimmt und dadurch die Wahrheit offenbart, die im Werk am Werk ist. Das meint, daß die Wahrheit hervorkommt, indem das Werk sich zurückstellt in das Leuchten und Dunkeln der Farben. „Die Erde her-stellen heißt: sie ins Offene bringen als Sichverschließende."[91]

Diese ständige Wechselwirkung zwischen Schein und Sein spielt auch in Adornos Ästhetik eine grundlegende Rolle. „In jedem Kunstwerk erscheint etwas, was es nicht gibt."[92] Für Adorno stellt ein Kunstwerk seine Position fortwährend zur Disposition. Es geht damit gegen versteinerte Lebensverhältnisse an und versucht, Chaos in eine zwanghafte gesellschaftliche Ordnung zu bringen.[93] Die Wirklichkeit ist nicht alleine als eine Ansammlung von Tatsachen zu sehen. Die Freiheit zum Objekt ist, laut Adorno, eine Bedingung

[87]   Seel: Ästhetik des Erscheinens, S. 24.

[88]   Scheer: Einführung in die philosophische Ästhetik, S. 143.

[89]   Martin Heidegger zitiert nach Scheer: Einführung in die philosophische Ästhetik, S. 153.

[90]   Vgl. Seel: Ästhetik des Erscheinens, S. 31.

[91]   Martin Heidegger zitiert nach Seel: Ästhetik des Erscheinens, S. 32.

[92]   Theodor W. Adorno zitiert nach Seel: Ästhetik des Erscheinens, S. 34.

[93]   Vgl. Seel: Ästhetik des Erscheinens, S. 33.

echter Freiheit unter Subjekten.[94] „Die ästhetische Aufmerksamkeit für ein Geschehen der Welt ist zugleich eine Aufmerksamkeit für uns selbst: für den Augenblick hier und jetzt."[95]

Alle Theorien der Ästhetik und damit der Kunst erkennen an, daß Kunst und Kunstwerke eine Wirkung auf den Menschen haben, auf sein Befindlichsein in der Welt, auf sein Ich-Sein und auf sein Verständnis von Welt. Der Kunst als „Erkenntnis überhaupt" (Kant), als anschaubare Wahrheit (Hegel), als „Sich-ins-Werk-Setzen der Wahrheit" (Heidegger) und als „gesellschaftliche Antithesis der Gesellschaft" (Adorno) wird eine Kraft zugestanden, die Welt anschaulich zu machen, zu verdeutlichen, zu erklären und immer wieder in Frage zu stellen. Eine Form der Kunst ist das Bild, und es wird nun untersucht, ob die Behauptungen in den ausgeführten Theorien greifen, wenn sich der Mensch den Tod erklären möchte, indem er Bilder von ihm macht. Die Spannung zwischen Schein und Sein, die in der Geschichte der Ästhetik immer wieder diskutiert wurde und die jedem Kunstwerk innewohnt, also die Polarität von Abwesendem und Anwesendem, soll klären, ob das Bild bereits den Tod in sich trägt.

---

[94]   Seel: Ästhetik des Erscheinens, S. 37.

[95]   Seel: Ästhetik des Erscheinens, S. 39.

4.2. Das Bild

Es geht bei der Betrachtung von Bildern in dieser Arbeit um das materielle Bild. Ein Bild kann auch eine Idee sein, eine Metapher oder das Bild, das man sich von etwas oder jemanden macht, oder ein Traumbild. All diese Bilder sind geistige, innere, immaterielle Bilder. Bei der Betrachtung von Todesdarstellungen in der Ästhetik soll es um das materielle, zweidimensionale Bild gehen, das Bild, das hergestellt, geschaffen wurde. Das materielle Bild hat sich im Laufe der Jahrhunderte verändert; angefangen mit der Höhlenmalerei über Öl auf Leinwand bis zur Photographie und den elektronischen Bildern heute, hat es immer Bilder gegeben. So unterschiedlich sie sein mögen, haben sie doch gemeinsame Aspekte.

Materielle Bilder sind erst einmal „Wahrnehmungsobjekte unter anderen Objekten der Wahrnehmung".[96] Objekte wie Postkarten, Plakate, Photos, Kinobilder oder Gemälde werden gemeinhin mit dem Begriff „Bild" belegt. Die folgende Definition des Begriffs dient dazu, all diese Objekte dem Begriff „Bild" zuordnen zu können.

„Bilder sind Darbietungen, die im Bereich einer überschaubaren Fläche etwas auf ihr Sichtbares präsentieren."[97] Bilder beziehen sich also auf etwas und bieten etwas dar, das auf ihrer Fläche sichtbar ist. Anschaulich wird diese Aussage, wenn das Bild im Unterschied zur Plastik gesehen wird. Eine Plastik ist die Erscheinung eines Gebildes im Raum. Die Erscheinung eines Bildes ist ein Geschehen auf der Fläche des Bildobjekts. Diese klare Definition kann natürlich verwässert werden, wenn eine aufgeschlitzte Leinwand oder eine Fläche, an der etwas montiert ist, die eben gesteckten Grenzen überschreiten und ein Bild so teilweise zur Plastik wird und eine Zwischenform zwischen Bild und Plastik darstellt, zu der auch das Relief gehört.[98] Neben einer Fläche, auf der etwas dargeboten wird, hat ein Bild eine Erscheinung und eine Sichtbarkeit. Das Bild

---

[96]   Seel: Ästhetik des Erscheinens, S. 255.

[97]   Seel: Ästhetik des Erscheinens, S. 258.

[98]   Die Frage der Zwischenformen, wie das Relief, wird hier nicht näher behandelt, da sie für die vorliegende Arbeit nicht relevant sind. Die Betrachtungen sind auf das zweidimensionale Bild beschränkt.

ist ein Objekt, auf dem etwas zur Darbietung kommt. Ein Bild von einem Apfel ist demnach etwas anderes als ein Apfel. Der Apfel wird auf dem Bild sichtbar dargeboten. Die Sichtbarkeit des Bildes scheint gegeben zu sein, aber die oben genannten Objekte, die alle unter dem Begriff „Bild" gefaßt werden sollen, sind sehr unterschiedlich.

Um die Sichtbarkeit des Bildes genauer zu betrachten, seien die Definitionen von Lambert Wiesing herangezogen. Wiesing unterscheidet nach Musil die „strarre, reine Sichtbarkeit" des Tafelbildes von der „sich bewegenden reinen Sichtbarkeit" des Filmes. Es gibt sozusagen eine statische und eine dynamische Sichtbarkeit. Aber auch die „dynamische" Sichtbarkeit des Filmes ist letztendlich eindimensional und linear. Bewegt sich ein Tier in einem Film, ist diese Bewegung festgelegt; soll es sich anders bewegen, muß ein neuer Film gedreht werden, der dann auch wieder nur diesen einen Bewegungsablauf wiedergeben kann, also eigentlich linear ist. Im Grunde genommen ist der Film ähnlich starr wie das Tafelbild. Erst die reine Sichtbarkeit des Computerbildes ist schließlich die, die nicht starr und eindimensional ist. Sie ist nicht auf bestimmte Bewegungen zum Beispiel des Tieres, das sich bewegen soll, festgelegt. Durch die Tastatur oder andere Bedienergeräte kann das Tier im Computerbild jede gerade gewünschte Bewegung ausführen. Der Betrachter des Bildes kann hier, anders als beim Tafelbild oder Film, auf die reine Sichtbarkeit einwirken und sie modellieren. Die reine Sichtbarkeit wird dadurch nicht angetastet, sie bleibt bestehen, wird aber durch die Manipulierbarkeit des Bildes zu einer „interaktiven reinen Sichtbarkeit".[99] Wiesing unterscheidet also drei Formen der reinen Sichtbarkeit: die starre, die dynamische und die interaktive.

Bislang ist ein Bild also eine Fläche, auf der etwas sichtbar ist. Die Fläche des Bildes ist überschaubar, das Sichtbare wird auf dieser Fläche präsentiert. Bis zu diesem Punkt der Definition könnte also auch eine Seite aus einer Zeitung ein Bild sein. Warum aber ist sie kein Bild?

---

[99]   Wiesing, Lambert: Die Sichtbarkeit des Bildes. Geschichte und Perspektiven der formalen Ästhetik. Reinbek bei Hamburg, 1997, S. 175ff.

Die Antwort darauf gibt Seel: „Bilder sind syntaktisch – in ihrer internen Artikuliertheit – und semantisch – in ihren inhaltlichen Bezügen – dicht."[100] Syntaktisch dicht sind Zeichen, deren sinnbildende Elemente nicht eindeutig voneinander abgegrenzt werden können.[101] Und die Buchstaben, mit denen eine Seite aus einer Zeitung bedruckt ist, sind Zeichen, die sinnbildend ein Wort ergeben und die eindeutig voneinander abgegrenzt werden können. Jeder Buchstabe ist eindeutig von anderen zu unterscheiden, verfügt also nicht über syntaktische Dichte. Auf einem Gemälde bilden die Pinselstriche auch Zeichen, können aber nicht eindeutig voneinander abgegrenzt werden. Semantisch dicht sind Zeichen, die sich nicht eindeutig auf einen Gegenstand oder eine Sache beziehen. Piktogramme, die sich eindeutig auf einen Gegenstand oder eine Sache beziehen, sind zum Beispiel bildliche Informationen von geringer syntaktischer Fülle und ohne semantische Gedrängtheit. Bilder sind sozusagen kompakte Zeichen. Kompakt sind nach Seel Zeichen, die ihre Bedeutung aus ihrer jeweiligen spezifischen Ausführung gewinnen.[102] Bei dem Beispiel der Zeitungsseite ist es unerheblich, in welcher Ausführung die Buchstaben erscheinen. Die Informationen, die die Buchstaben transportieren, sind von der Schrifttype oder Schriftgröße unabhängig. Objekte, die als Bilder aufgefaßt werden sollen, können syntaktische und semantische Dichte in verschieden hohem Grad besitzen. Und nicht jede Veränderung eines Bildzeichens verändert die Bedeutung des entsprechenden Bildes. Wird ein Gemälde kopiert, verändern sich die einzelnen Zeichen ein wenig, weil ein anderer Maler sie malt, aber die Bedeutung des Bildes, zum Beispiel „weinendes Kind", bleibt die gleiche. Die jeweilige Ausführung der Zeichen ist beim Bild, anders als bei Schriftzeichen, wenig beliebig. Im Unterschied zur Schrift verfügen Bilder „weder über eine diskrete Menge wiederkehrender Elemente oder Zeichen, noch sind die Regeln der Verkoppelung von Farbe oder Form in irgendeiner Weise systematisierbar".[103]

---

[100] Seel: Ästhetik des Erscheinens, S. 262.

[101] Vgl. Seel: Ästhetik des Erscheinens, S. 262f.

[102] Seel: Ästhetik des Erscheinens, S. 264.

[103] Boehm, Gottfried: Die Wiederkehr der Bilder. In: ders. (Hrsg.): Was ist ein Bild? München, 1994, S. 11–38, hier S. 22.

Die Zeichen eines Bildes sind also nur eingeschränkt individuelle Zeichen, während bei der Schrift die Zeichen in jeder beliebigen Handschrift lesbar bleiben. Kunstbilder aber sind individuelle Bilder. „Die Bilder der Kunst werden als einmalige Gebilde aufgefaßt, die genau so zu beachten und zu erhalten sind, wie der Künstler sie hergestellt hat."[104] Die Seite einer Zeitung ist demnach kein Bild. Und ein Spiegelbild, das durchaus innerhalb der zweidimensionalen Bildfläche und auf ihr erscheint, ist nur in eingeschränktem Sinne ein Bild. Es ist eine Darbietung, die an die Anwesenheit des dargebotenen Objektes gebunden ist. Ein Spiegelbild ist ein Zeichen, das ohne sein Bezugsobjekt nichts bezeichnen könnte. Auch ein photographiertes Bild wird erst dadurch zu einem Bild, daß es „die Verwendung erhält, aus einer Situation auf eine andere Situation zu verweisen".[105]

Eine weitere Differenzierung kann vorgenommen werden zwischen „singulären" und „generellen" Bildern. Ein Photo von einem Löwen in einem Lexikon ist ein generelles Bild. Vorgestellt werden soll damit nicht dieser bestimmte Löwe, sondern es sollen anhand dieses Bildes die generellen Eigenschaften dieser Art von Großkatzen deutlich gemacht werden. Das Bild eines Löwen ist dann singulär, wenn es dazu verwendet wird, genau diesen Löwen zum Beispiel als den prächtigsten zwischen anderen Löwen zu präsentieren.[106]

Unterschiedliche Arten des Umgangs mit Bildern schaffen also auch unterschiedliche Arten von Bildern. Das gilt auch für die Gattung der Kunstbilder. Sie sind solche nicht aus sich heraus, sondern, weil sie von ihren Herstellern und vor allem von ihren Betrachtern als solche behandelt werden. Die Bilder des Malers Vincent van Gogh sind dafür ein gutes Beispiel. Sie gelten heute als große Kunst und werden auf Auktionen zu Höchstpreisen verkauft. Zu Lebzeiten van Goghs wurde sein Werk, wenn es überhaupt Beachtung fand, belächelt oder verachtet, jedenfalls nicht als Kunst bezeichnet. In einem Brief an seinen Bruder Theo schreibt van Gogh: „Es ist eine ziemlich traurige Aussicht, sich sagen zu müssen, daß die Bilder, die man macht,

---

[104] Seel: Ästhetik des Erscheinens, S. 266.

[105] Seel: Ästhetik des Erscheinens, S. 262.

[106] Vgl. Seel: Ästhetik des Erscheinens, S. 267.

vielleicht nie irgendwelchen Wert haben werden." An anderer Stelle steht: „Wenn man glatt malte wie Bouguereau, würden die Leute sich nicht schämen, sich malen zu lassen, aber ich glaube, ich habe meine Modelle eingebüßt, weil man fand, es wäre 'schlecht gemacht', *es wäre nur Farbenkleckserei.*"[107]

Kunstbilder sind ohne Zweifel ein Sonderfall von Bild. Sie arbeiten mit der Differenz zwischen der Fläche des Bildes und dem, was auf ihr zu sehen ist. Diese Differenz ist bei allen Bildern gegeben, aber das Kunstbild spielt damit und macht diese Differenz zu einem ihrer Gegenstände. „Das künstlerische Bild zeigt, wie es zeigt, was es zeigt."[108]

Nach Gottfried Boehm wird dafür der Begriff der „ikonischen Differenz" verwendet. „Was uns als Bild begegnet, beruht auf einem einzigen Grundkontrast, dem zwischen einer überschaubaren Gesamtfläche und allem, was sie an Binnenereignissen einschließt."[109] Ein Bild ist kein Sammelplatz für beliebige Details, sondern eine Sinneinheit. Es gibt einen Zusammenhang von dem, was auf der Fläche ist, und der Ansichtigkeit der Fläche als Fläche. Dieser Kontrast, vermittels dessen etwas ansichtig wird, macht es möglich, daß ein Stück mit Farbe beschmierter Fläche uns einen Zugang zu sinnlichen und geistigen Einsichten eröffnet. Die ikonische Differenz erzeugt eine Spannung zwischen Verschiedenem auf der Fläche und dem Flächengrund selbst. Boehm führt Gombrich an, der die Beziehung von Fläche und Tiefe eines Bildes als einander ausschließend bestimmt hat: „... kann man wirklich die ebene Fläche und das Schlachtroß auch gleichzeitig sehen? (...) Wir können das Schlachtroß nur auffassen, wenn wir für einen Augenblick die ebene Fläche vergessen. Beides auf einmal geht nicht."[110] Ein Detail wird sich nicht in seinem Kontext auflösen lassen, ebensowenig wie umgekehrt. Die Möglichkeit, entweder nur die Fläche oder nur die darge-

---

[107] Beide Zitate aus: Als Mensch unter Menschen. Vincent van Gogh in seinen Briefen an den Bruder Theo. Berlin, 1959, Band 2, S. 253.

[108] Seel: Ästhetik des Erscheinens, S. 271.

[109] Boehm: Die Wiederkehr der Bilder, S. 30.

[110] Ernst H. Gombrich zitiert nach Boehm: Die Wiederkehr der Bilder, S. 32.

stellten Dinge wahrzunehmen, ist nicht gegeben. Das „produktive Oszillieren"[111] käme dabei nicht in Gang.

Die ikonische Differenz weist darauf hin, daß Bilder nicht Darstellungen sind, die Gegebenes wiederholen, sondern sichtbar machen, und daß Bilder somit Prozesse sind. Das Wechselspiel zwischen Fläche und Tiefe und deren Verhältnis zueinander ist bei jedem Bild anders. Um die perfekte Repräsentation einer Sache zu ermöglichen, verleugnet sich das Bild als Bild im Extremfall ganz. Erreicht ist dieses Verleugnen, wenn der Betrachter tatsächlich getäuscht wird und das Bild für das Dargestellte selbst hält. Diesen Fall meinte Platon, wenn er die Kunst als Täuschungsmanöver bezeichnete und für etwas Schlechtes befand.

Das Bild verleugnet sich als Bild zum Beispiel bei Filmvorführungen auf Jahrmärkten, die die Besucher im Stehen anschauen. Meist wird dort eine Kamerafahrt gezeigt, die dem Betrachter suggeriert, etwa in einem Hubschrauber durch Felsschluchten zu rasen. Schnelle, plötzliche und sehr scharfe Ausweichmanöver, weil ein Felsvorsprung „umflogen" werden muß, oder ein schneller Sink- oder Steigflug lassen den Zuschauer schwindeln. Die Leinwand wird völlig vergessen, ebenso die Tatsache, daß es sich um einen Film handelt; das zeigt sich daran, daß manche Zuschauer einem Felsvorsprung körperlich ausweichen oder sogar das Gleichgewicht verlieren und hinfallen, weil die Vorführung realistisch auf sie gewirkt hat. Im heutigen Medienzeitalter werden die Grenzen der Bildlichkeit von Bildern verschleiert. Fernsehen, Printmedien und Computerbilder setzen eine Bilderflut in Gang, die auf bildlichen Realitätsersatz abzielt. Das Bild soll ein Abbild der Realität sein, ein perfektes „Als-Ob".

Natürlich können mit den genannten Techniken auch andere als die bildverneinenden Bilder produziert werden; die Bedingung dafür ist aber, daß die ikonische Spannung aufgebaut und dem Betrachter sichtbar gemacht wird. Das geschieht zum Beispiel bei einer Photographie von Helmut Newton, auf der er selbst, seine Frau und sein Modell zu sehen sind. Das Modell steht unbekleidet vor einem Spiegel, in dem es ganz zu sehen ist. Hinter dem Modell steht Newton

---

[111] Boehm: Die Wiederkehr der Bilder, S. 32.

mit seiner Kamera, und neben dem Spiegel sitzt, mit
dem Gesicht zum Betrach-
ter, die Ehefrau Newtons.
Auf dem Photo sieht man
das Modell links im Vordergrund von hinten, in dem
Spiegel erscheint das Mo-
dell von vorne und ebenso
das Spiegelbild Newtons im
Moment der Aufnahme, so-
wie seine Frau neben dem
Spiegel sitzend mit dem
Blick zum Betrachter. Der
Ausschnitt der Welt, der auf
einem Photo zu sehen ist,
wird hier in Frage gestellt
beziehungsweise erweitert.

*Newton photographiert sich, ein
Modell und seine Frau (Abb. 8)*

Der Abzug präsentiert meh-
rere Ebenen der Wirklichkeit und gibt mehrere mögliche Blickwinkel
preis. Newtons Frau sieht die beiden von vorne, das Modell sieht
sich und Newton im Spiegel; Newton sieht, was der Betrachter sieht
– das Modell von hinten sowie das Modell von vorne im Spiegel,
seine Frau und sich selbst im Spiegel. Bildfläche und Inhalt werden
hier in gegenseitiger Spannung präsentiert. „Wir können also zwischen (nichtkünstlerischen) Bildflächen unterscheiden, die in ihrem
Bereich etwas präsentieren, und solchen (künstlerischen), die in ihrem Bezirk ein Geschehen der Präsentation präsentieren."[112]

---

[112] Seel: Ästhetik des Erscheinens, S. 271.

4.2.1. Drei Mal Bild

> Die Geschichte des Blicks ist vielleicht nur
> ein Kapitel, ein Anhang zur Geschichte
> des Todes im Abendland.[113]

Bilder werden aus dem Blick auf die Umwelt, gemeint sind Natur und Menschen, und dem Blick auf das Ich, gemeint ist der eigene Körper, geboren. Wie bereits im Kapitel *Das Bild* erwähnt, schafft die unterschiedliche Art des Umgangs mit Bildern auch verschiedene Bilder. Die veränderte Erscheinung beziehungsweise die Veränderung der Wahrnehmung und dessen, was ein Bild „will" oder was der Betrachter von einem Bild will, kann in verschiedene Abschnitte unterteilt werden. Die Veränderungen, denen die Bilder unterliegen, werden im folgenden anhand der Beobachtungen von Régis Debray und Baudrillard dargelegt. Da ein Bild seinen Sinn aus der Betrachtung bezieht, was heißt, „daß Bilder erst durch einen Akt der Animation ins Leben gerufen wurden, ohne die sie leblose Artefakte blieben",[114] nennt Debray die Abschnitte in seinem Buch *Jenseits der Bilder* die Zeitalter des Blicks. Für die Betrachtungsweise der Bilder lassen sich nach Debray drei Zeitalter des Blicks ausmachen. Untersucht werden soll der Wandel des Blicks in bezug auf die Bilder. Der Weg des Bildes markiert jeweils am Beginn einer neuen Ära einen Übergang.

So wie historische Dauer in festgelegte Perioden eingeteilt ist, etwa Antike, Mittelalter und Moderne, hat auch die Geschichte des Blicks eine eigene Zeiteinteilung. Als erstes Zeitalter des Blicks nennt Debray das des Idols, das sich von der Erfindung der Schrift (das erste Alphabet entstand vermutlich im 9. Jahrhundert v. Chr.) bis zum Buchdruck (Mitte des 15. Jahrhunderts) erstreckt. Debrays Bezeichnung für diesen Zeitraum ist Logosphäre. An die Logosphäre schließt sich die Graphosphäre an, das Zeitalter der Kunst, die sich zwischen der Erfindung des Buchdrucks und dem Aufkommen des Fernsehens entfaltet. Das dritte Zeitalter des Blicks bezeichnet er als das Zeitalter des Visuellen, das der Videosphäre, in der wir uns

---

[113]   Debray: Jenseits der Bilder, S. 34.

[114]   Belting, Hans: Bild-Anthropologie. Entwürfe für eine Bildwissenschaft. München, 2001, S. 143.

aktuell befinden. Die Abschnitte selbst bezeichnet er chronologisch als den des Idols, den der Kunst und den des Visuellen. Von Gott über die Natur zur Maschine, könnte man auch sagen, oder, wenn man den Blickpunkt betrachtet, durch das Bild hindurch, über das Bild hinaus und nur das Bild.[115]

Keine der von Debray genannten Mediensphären vertreibt oder ersetzt die anderen völlig. Sie bauen vielmehr aufeinander auf und sind ineinander verschachtelt. Der Buchdruck hat die mittelalterlichen Sprichwörter nicht verdrängt, ebensowenig „hindert uns das Fernsehen daran, in den Louvre zu gehen".[116]

Das Idol

Die Zeit des Idols, also das von Debray mit Logosphäre bezeichnete Zeitalter, zeigt den Übergang vom Magischen zum Religiösen. Diese erste Ära des Bildes und Blicks ist noch keine ästhetische, sondern eine unbedingt religiöse. Die Bilder dieses Zeitalters sind Ikonen, keine nachgebildeten Porträts, sondern „göttliche" Bilder. In diesen Bildern zeigt sich Gott; das Bild erhält seine Bedeutung nicht über seine sichtbare Form, sondern „durch den vergöttlichenden Charakter seines Anblicks, also durch seine Wirkung".[117] Dennoch verwendet Debray den Begriff des Idols und nicht den der Ikone, weil unter diesen Begriff die „Gesamtheit der − zumindest auf jene Betrachter, die mit einer bestimmten Glaubenstradition verwoben sind − unmittelbar wirkenden Bilder, sofern der Blick über die sichtbare Materialität des Objekts hinausgeht",[118] gefaßt werden kann. Im Zeitalter des Idols findet die Bildwerdung des Menschen statt. Das Fleischwerdungsmotiv des Christentums erlaubt, sich ein Bild zu schaffen − und zwar eines von sich selbst, nach dem Vorbild Gottes, der seinen Sohn Jesus, sein fleischgewordenes Wort, zu den Menschen geschickt hat; und eines vom Tod, denn Jesus stirbt für die Sünden der Menschen. Die göttlichen Bilder dieser Zeit beherrschten den Menschen, nicht umgekehrt, denn nicht der Anblick

---

[115] Debray: Jenseits der Bilder, S. 219.

[116] Debray: Jenseits der Bilder, S 214.

[117] Debray: Jenseits der Bilder, S. 228.

[118] Debray: Jenseits der Bilder, S. 228.

eines Bildes, sondern seine Präsenz verleiht ihm Macht. „Daß der Mensch zum Bild wurde, bedeutete wortwörtlich, daß er dem Bild gehörte, daß er ihm untertan war (...) (Er) sollte sich beim Anblicken dem Bild untertan fühlen (...) und sich als unter dem Blick des Bildes empfinden."[119] Ein kontemplativer Umgang mit dem Bild ist der vom Idol geprägten Zeit fremd.[120] Das Zeitalter der Idole stellt das ursprüngliche Fundament der Bilder dar.

Das Zeitalter der Kunst

„Das Künstlerische kommt zum Vorschein, wenn das Werk in sich selbst seine Daseinsberechtigung findet."[121] Im Unterschied zu Werken aus dem Zeitalter des Idols meint das, daß ein Kunstwerk nicht mehr das Göttliche darstellen muß und keinen religiösen Auftrag braucht. Der Werkschaffende ist der Auftraggeber geworden. „Der Künstler ist der Handwerker, der 'Ich' sagt."[122] Der demütige Blick auf die von Gott geschickten Ikonen – die traditionellen Ikonen waren ohne Tiefenwirkung dargestellt – wird vom Aufkommen der Perspektive[123] durch einen scharfsichtigen Blick ersetzt. Das Auftreten von Perspektive in der Malerei fällt mit dem Beginn der Ära Kunst zusammen, ebenso wie mit dem Abschütteln der klerikalen Vorherrschaft. Der Fluchtpunkt eines Gemäldes ist das eine Ende der Achse, dessen anderes Ende der Blickpunkt des egozentrischen Betrachters ist. Er ist sozusagen der Besitzer des Werkes. Diese Subjektivierung des Blicks hatte die Reduzierung der Wirklichkeit auf die bloße Wahrnehmung zur Folge.[124]

Der Künstler bietet sein Werk dem Kunstkenner an; das Idol, das überall war und von überall her kam, richtete sich an alle Geschöp-

---

[119] Didi-Huberman, Georges: Vor einem Bild. München, Wien, 2000, S. 197.

[120] Debray: Jenseits der Bilder, S. 230.

[121] Debray: Jenseits der Bilder, S. 233.

[122] Debray: Jenseits der Bilder, S. 233.

[123] Perspicere (lat.): 1. (hin)durchsehen; 2. a) deutlich sehen, b) genau besichtigen, betrachten; c) durchschauen, erkennen, wahrnehmen. Vgl. Langenscheidt-Wörterbuch, Lateinisch–Deutsch. Stuttgart, 1973, Stichwort „perspicio".

[124] Vgl. Debray: Jenseits der Bilder, S. 241f.

fe. „Zu Beginn der Ära 1 gibt es nur einen Künstler, und zwar Gott. Am Ende der Ära 2 wird es nur noch einen Gott geben: den Künstler.“[125] Kunst kann entstehen, sobald sie einen Ort hat, ein Atelier, eine Galerie, ein Kino oder einen Ort der Aufbewahrung. Das Göttliche dagegen war in keiner Weise ortsgebunden. Es war zu jeder Zeit und an jedem Ort gegenwärtig. Und mit dem Ort, der die Kunst möglich macht, entsteht der Diskurs: Kritiker und Kommentatoren wenden sich an ein Publikum – auf Festivals und Wettbewerben –, und so unterscheidet sich die Sphäre der Kunst und des Diskurses von jener der Mythologie oder Theologie.

Auf dem Weg von der Ikone zur bemalten Leinwand erhält das Bild eine neue Bedeutung. Vom Erscheinen wird es zum bloßen Schein, vom Subjekt, welches sagt: „Ich sehe dich“, wird es zum Objekt, denn der Betrachter kann sagen: „Ich sehe dich“, ohne sich vom Bild beobachtet zu fühlen. In einer tabellarischen Übersicht stellt Debray verschiedene Begriffe zusammen, an denen er die Wirkung der einzelnen Zeitalter vorführt. Als pathologische Form für das Idol nennt er die Paranoia (ich werde von etwas nicht Greifbarem verfolgt und beobachtet) und als pathologische Form für die Kunst die Obsession (ich betrachte dich immer wieder, weil du so schön bist und ich von dir besessen bin).

Die Videosphäre

Das Visuelle, das das dritte Zeitalter des Blickes verkörpert, will nur noch überraschen. Es ist auf Geschwindigkeit aus und von vornherein auf eine globale Verbreitung hin angelegt. Der Bezugspunkt für das visuelle Bild ist die Maschine, die es herstellt. Die Leistung eines Filmdarstellers wird nicht von ihm selbst, sondern von einer Apparatur vorgeführt. Das Publikum kann sich nur in den Darsteller einfühlen, „indem es sich in den Apparat einfühlt“.[126] Es führt kein Blick oder Gedanke über das Bild hinaus; die Geschwindigkeit des Visuellen läßt dem Betrachter keine Zeit zu kontemplativer Betrachtung, wie es bei den Bildern der Ära Kunst noch möglich und angelegt war. Das Ideal des Visuellen ist die Produktion, was hier im

---

[125] Debray: Jenseits der Bilder, S. 242.

[126] Benjamin: Das Kunstwerk, S. 24.

Sinne von quantitativer Produktion gemeint ist. Diese Automatenbilder haben ohne emotionale Qualität lediglich dokumentarischen Wert. Das hergestellte Bild wird bei seiner Herstellung und bei seiner Rezeption datiert. Überdauern können aber nur Bilder, die in ihrer Ausdruckskraft auch von denen wahrgenommen werden, die den Code nicht kennen. Bilder der Kunst können in einen Erregungszustand versetzen, die Bilder der Videosphäre sprechen nur für ihre eigene Zeit und haben aufgrund ihrer „Abstraktion von Körper und Angst wahrscheinlich nur sehr bedingte Aussicht darauf, zu überdauern" und „dem Veralten ihrer Herstellungstechnik zu widerstehen".[127]

Das Visuelle der elektronischen Bilder ist nicht orts- und auch nicht zeitgebunden. Diese dadurch immateriellen Bilder[128] machen es möglich, sich die Welt nach Hause liefern zu lassen. „Das Abbild des Originals" kann in Situationen gebracht werden, „die dem Original selbst nicht erreichbar sind."[129] Sehr passend heißt es in einer Plakatwerbung des Privatfernsehanbieters Premiere: „Ich verschenke die ganze Welt." Und die Ansicht dieser Bilder eröffnet einen Blick auf die Welt in ihrer Profanität und macht glauben, mittendrin zu sein im Geschehen auf dem Bildschirm. „Vergleichbar dem Gold byzantinischer Mosaike, das die göttlichen Energien direkt auf den Gläubigen übertrug, teilt uns das fluoreszierende Leuchten des Fernsehmosaiks, das frei von Schatten und Werten ist, das glänzende Ansich-Sein der Welt mit."[130] Photographien, die unbeweglich sind, und Kinobilder, die zuvor aufgezeichnet werden, die also wie in Kapitel 4.2. ausgeführt beide statisch und starr sind und dies auch nie zu verbergen suchen, sind zwar „Spuren, aber erkaltete und zeitlich versetzte".[131] Das Fernsehbild dagegen imaginiert eine Prä-

---

[127] Debray: Jenseits der Bilder, S. 35.

[128] Die elektronischen Bilder, obwohl sie hier als immateriell eingestuft werden, gehören trotzdem noch unter den in Kapitel 4.2. definierten Begriff Bild, weil sie, wie die materiellen Bilder, auf einer überschaubaren, zweidimensionalen Fläche erscheinen, in diesem Fall auf dem Bildschirm des Fernsehers oder des Computers.

[129] Benjamin, Walter: Das Kunstwerk im Zeitalter seiner technischen Reproduzierbarkeit. Frankfurt am Main, 1963, S. 12.

[130] Debray: Jenseits der Bilder, S 314.

[131] Debray: Jenseits der Bilder, S 315.

senz, die durch ihre Nichtgebundenheit an Orte oder Zeiten dem Bild den Anschein von „in diesem Moment" und „das ist echt" verleihen.[132] Das Gegenwärtige – die Bilder – und die Gegenwart – hier und jetzt – sind das Wichtigste für die Bilder der Videosphäre. „Die Aussage der christlichen Ikone war: Euer Gott ist gegenwärtig. Die nachchristliche Ikone sagt: auf daß die Gegenwart Euer Gott sei."[133]

Zwischen diesen beiden Göttern liegt das Zeitalter der Kunst. „Der momentane Bildfetischismus hat mit der schon weit zurückliegenden Zeit der Götzenverehrung mehr zu tun als mit der Epoche der Kunst."[134] Debray nennt die Ära der Kunst ein Zwischenspiel zwischen zwei Götzendienereien, denn „ein autorenloses und selbstreferentielles Bild bringt sich automatisch in die Position eines Götzen und uns in die von Götzenverehrern, die versucht sind, es direkt zu bewundern, anstatt mittels des Bildes der gezeigten Wirklichkeit die Ehre zu erweisen."[135] Das Bild wurde zur Zeit der Götzenherrschaft im Zeitalter des Idols durch das Heilige, das über ihm stand, erdrückt. Das Bild im Zeitalter des Visuellen dagegen schreitet zu seiner eigenen Verherrlichung, denn die Abhängigkeit der Bilder von der Außenwelt nimmt ab. Die Bilder dieses Zeitalters sind im Sinne von Wirkung und Überraschung gedacht. „Größeres Interesse an der Wirkung als an der Bedeutung ist eine der grundlegenden Veränderungen unseres Zeitalters der Elektrizität."[136] Das Visuelle führt zum Beispiel auch dazu, daß man niemanden mehr ansehen muß. Die Spieler von Videospielen müssen sich keine Gewissensfragen stellen, wenn sie virtuell jemanden erschießen. Blicke zu kreuzen, wirkt störend, auf ein reales Gegenüber zu stoßen, könte unerfreulich sein. Die psychische und moralische Spannung wird durch die Bilder der dritten Ära des Bildes gesenkt. Politiker, Volksführer oder

---

[132] Das Fernsehen bietet natürlich auch die Möglichkeit, Bilder live zu übertragen. Ein „in diesem Moment" kann es also geben. Dennoch suggerieren auch alle anderen Fernsehbilder, somit auch diejenigen, die nicht live übertragen werden, diese Art der Präsenz.

[133] Debray: Jenseits der Bilder, S. 316.

[134] Debray: Jenseits der Bilder, S. 313.

[135] Debray: Jenseits der Bilder, S. 313.

[136] McLuhan, Marshall: Die magischen Kanäle. 2. Aufl., Dresden, Basel, 1995 [¹1968], S. 51.

Tyrannen sind in diesen Bildern keine Individuen mehr, sondern si-
gnalisieren, daß sie bestimmte Gruppen von Menschen ersetzen.
Auch der Süden des Planeten wird durch die Brille des Nordens betrachtet. Hungernde Menschen, Kriege, die Schönheit der afrikani-
schen Steppe, all das kann beliebig an- und abgeschaltet werden.[137]

Das Idol ist ein Bild in einer unbeweglichen Zeit, das unendliche
Göttliche gibt den Ton an, Bezugspunkt des Bildes ist das Überna-
türliche, also Gott. Dieses Bild ist an den Ort seiner Entstehung gebunden und in der Kulturgemeinschaft verwurzelt. Die Kunst ist
langsam, zeigt aber schon Formen der Bewegung. Bezugspunkt für
die Kunst ist das Reale, also die Natur, und das Bild selbst ist auch
real, es ist eine Sache. Als Bild will die Kunst anregen und gefallen.
Für die Kunst gilt als Ideal das Schaffen im Sinne von Schaffen eines Werkes. Das Visuelle ist auf Geschwindigkeit angelegt und ört-
lich und zeitlich nicht gebunden. Das Bild im Zeitalter des Visuellen,
die nachchristliche Ikone, ist ohne Bezugspunkt und verweist nur
noch auf sich selbst.

Baudrillard nennt in seinem Buch Der symbolische Tausch und der
Tod ebenfalls drei Zeitabschnitte der Produktionsverfahren der Menschen. Er bezieht sich dabei auf die Zeichen, die der Mensch
hervorbringt. Diese Zeichen nennt er Simulakren. Die allgemeiner
gehaltenen Ausführungen Baudrillards, die sich nicht ausschließlich
auf Bilder beziehen, werden im folgenden auf Bilder übertragen.

Baudrillard nennt seine Einteilung die drei Ordnungen der Simulakren. Als erste Ordnung nennt er die Imitation, die das bestimmende
Schema von der Renaissance bis zur industriellen Revolution ist. Er
setzt also deutlich später ein als Debray, der dem ersten Zeitalter
des Blicks den Beginn der Renaissance als Endpunkt setzte. Nach
der Imitation setzt die Produktion ein, die das bestimmende Schema
des industriellen Zeitalters darstellt. Die dritte Ordnung der Simulakren bezeichnet er als Simulation, die die gegenwärtige Phase
ausmacht. Unter gegenwärtig muß die Zeit um das Erscheinungs-
jahr des Buches, 1976, verstanden werden; die Beobachtungen haben aber bis heute ihre Gültigkeit und sind vergleichbar denen, die

---

[137] Vgl. Debray: Jenseits der Bilder, S. 317f.

Debray in seinem zwanzig Jahre später erschienenen Buch für das vorläufig letzte Zeitalter des Blicks, die Videosphäre, macht.

Das Simulakrum der ersten Ordnung, die Imitation, entsteht mit der Auflösung der feudalen Ordnung. Die feudale Ordnung hatte das Ständewesen zur Grundlage. Die verschiedenen Stände zeichneten sich durch bestimmte Zeichen aus. Die Zeichen eines Standes konnten nicht von einem anderen Stand benutzt werden und verwiesen zweifelsfrei auf einen bestimmten Status. Am Ende dieses feudalen Zeitalters können alle Klassen die Zeichen unterschiedslos handhaben. „Mit der Übertragung der Prestigewerte und -zeichen von einer Klasse auf die andere geht man notwendigerweise zugleich auch zur Imitation über."[138] Das Simulakrum erster Ordnung hebt niemals den Unterschied zwischen Ursprung und Imitat auf. Den Widerstreit des Simulakrums und des Realen setzt es immer voraus. Diese Beobachtung entspricht denen von Debray für das Zeitalter der Kunst, die immer auf etwas verweist. Die gesamte Kunst lebt von diesem Unterschied und baut so durch die in Kapitel 4.2. beschriebene ikonische Differenz eine Spannung auf.

Mit der industriellen Revolution entstehen Zeichen, die keiner Beschränkung durch einen Status oder eine Tradition unterliegen: die Simulakren zweiter Ordnung. „Das Simulakrum der zweiten Ordnung (...) vereinfacht das Problem, indem es die Erscheinung absorbiert oder das Reale auflöst (...) es errichtet jedenfalls eine Realität ohne Bild, ohne Echo, ohne Spiegel, ohne Schein."[139] Der theatralischen Illusion wird sich entgegengestellt. „Die Reproduktionstechnik (...) löst das Reproduzierte aus dem Bereich der Tradition ab."[140] Die Unterscheidung zwischen Medium und Botschaft charakterisiert die Signifikation der zweiten Ordnung. Die Voraussetzung der Zeichen in der zweiten Ordnung der Simulakren ist die Serie. Diese neue Generation von Zeichen und Gegenständen müssen nicht mehr imitiert werden. Sie werden in großer Zahl produziert und haben keinen einzigartigen Ursprung mehr. Die Objekte sind ununterscheidbar voneinander, ebenso wie die Menschen, die sie produ-

---

[138] Baudrillard: Der symbolische Tausch, S. 80.

[139] Baudrillard: Der symbolische Tausch, S. 85.

[140] Benjamin: Das Kunstwerk, S. 13.

zieren.[141] Walter Benjamin hat in *Das Kunstwerk im Zeitalter seiner technischen Reproduzierbarkeit* bereits festgestellt, daß die Reproduktion den Status von Produkt und Produzenten umkehrt.[142] Die Tatsache, daß es zwei identische Gegenstände oder Bilder gibt, ist ein umwälzender Schritt. Das zeigt zum Beispiel „die Verblüffung der Eingeborenen (...), die zum ersten Mal zwei identische Bücher gesehen haben".[143] Die Botschaft der Reproduktion liegt nicht in ihrem Produkt, sondern in der Reproduktion selbst.

Diese Beobachtungen passen in das von Debray als Videosphäre bezeichnete Zeitalter. Baudrillard beginnt mit seinen Ausführungen sozusagen in dem Zeitalter, das Debray als das der Kunst bezeichnet, und seine Beobachtungen für die Simulakren der zweiten und dritten Ordnung decken sich mit Debrays Zeitalter des Visuellen.

Die Austauschbarkeit der Zeichen läßt sich am Beispiel der Zwillingstürmen des World Trade Center verdeutlichen. Zwei identische Türme sind das Ende jeder Referenz. Sie verweisen nur noch gegenseitig auf sich selbst und spiegeln „die Idee des Modells, das sie füreinander sind".[144] Sie fordern nicht mehr heraus, sie haben sich aus der Konkurrenz zurückgezogen, weil sie durch ihre Verdoppelung sich gegenseitig genügen. „... erst die Verdoppelung des Zeichens macht dem, was es bezeichnet, ein Ende."[145] Die serielle Kopie ist sozusagen der Tod des Originals, und nur ein Original kann in seiner Einzigartigkeit herausfordern und Spannung erzeugen.

Nach der 'Serie' der Reproduktion folgen die Simulakren der dritten Ordnung, die die Serie ablösen, indem sie Zeichen und Formen auf ihre Reproduzierbarkeit hin konzipieren. Zu diesem Übergang bemerkte schon Benjamin: „Das reproduzierte Kunstwerk wird in immer steigendem Maße die Reproduktion eines auf Reproduzierbarkeit angelegten Kunstwerks."[146] Es gibt sozusagen kein Ziel mehr,

---

[141] Vgl. Baudrillard: Der symbolische Tausch, S. 87.

[142] Vgl. Benjamin: Das Kunstwerk, S. 29.

[143] Baudrillard: Der symbolische Tausch, S. 88.

[144] Baudrillard: Der symbolische Tausch, S. 111.

[145] Baudrillard: Der symbolische Tausch, S.111.

[146] Benjamin: Das Kunstwerk, S. 17.

um dessentwillen etwas vorgeht, sondern nur noch Modelle, aus denen alles hervorgeht oder durch minimale Abwandlungen hervorgehen kann. Auch hier stimmt Baudrillard mit Debray überein, der für die Bilder im Zeitalter des Visuellen festgestellt hat, daß die Abhängigkeit der Bilder von der Außenwelt abnimmt. „Die referentielle Vernunft verschwindet", die mittels eines Ursprungs oder Originals eine Serie aus etwas gemacht hat, „und die Produktion (gerät) in einen Rauschzustand".[147] Überträgt man diese Entwicklung auf den Tod, verwundert es nicht, daß er als verdrängt gilt: Wenn die Bilder und andere Objekte ihres Ursprungs beraubt werden, kann man hinter ihnen den Tod nicht mehr erkennen, weil es schlicht kein „Dahinter" mehr gibt. Die „ikonische Differenz", ein Spiel, das etwas als etwas entlarvt, erscheinen läßt oder präsentiert, das also eine Spannung hat, entfällt, wenn das Bild auf keinen Ursprung verweisen kann oder soll. Eine Spannung findet immer zwischen mindestens zwei Polen statt, und ohne Ursprung fehlt einer der beiden Pole. Ohne Ziel und ohne Ursprung ist alles ein Schweben im luftleeren toten Raum.

„Man konnte schon beobachten, daß die Zeichen der ersten Ordnung, komplex und voll von Illusionen, sich mit den Maschinen in schwerfällige, stumpfe, industrielle, repetitive, operative, effektive Zeichen ohne Echo verwandelten. Welche noch radikalere Mutation aber hat bei den unlesbaren und uninterpretierbaren Zeichen des Codes stattgefunden."[148] Uninterpretierbar ist das Wort, das noch einmal deutlich macht, warum die Bilder der Videosphäre und der Simulakren dritter Ordnung keine Hilfe sind, mit dem Tod umzugehen. Das entsprechende Verb *interpretare* bedeutet auffassen, verstehen, beurteilen. Es gibt nichts mehr zu verstehen an den Zeichen der dritten Ordnung, weil sie auf nichts außer sich selbst verweisen.

Im Vordergrund soll hier nicht stehen, wie und wann sich die von Baudrillard und Debray festgelegten Einteilungen überschneiden, sondern wie sich die Botschaft des Bildes und der Blick auf die Bilder verändert haben. Beide Autoren haben gleiche Veränderungen aufgezeigt, die zu unseren heutigen Bildern führen, die ohne Refe-

---

[147] Baudrillard: Der symbolische Tausch, S. 89.

[148] Baudrillard: Der symbolische Tausch, S. 90.

renz, das heißt, ohne Ursprung nur noch auf sich selbst verweisen. Ebenso ist hervorzuheben, daß sich eine Art Kreis gebildet hat. Ähnlich wie in der Geschichte des Todes die Bestattungsbräuche aus der Antike wieder auftauchen und es heute, wie schon in der Antike, keinen einheitlichen Glauben an das Jenseits gibt, sind auch die Bilder wieder da, wo sie ganz am Anfang einmal waren. Die Götzendienerei an den Bildern im von Debray so genannten Zeitalter der Ikonen scheint sich in der Videosphäre zu wiederholen. Die neuen Götzen sind die Bilder, die von den heutigen Medien produziert werden. Die Quelle der Autorität ist zwar nicht – wie bei den Ikonen – Gott, sondern die Maschine, die die Bilder herstellt; in beiden Fällen aber handelt es sich um etwas nicht Menschliches. Nur beim Zwischenspiel der Bilder, im Zeitalter der Kunst oder in der von Baudrillard sogenannten ersten Ordnung der Simulakren, war die Autorität die Natur, und der Bezugspunkt der Bilder war das Reale. Identisch für das Idol und das Visuelle ist auch die Lichtquelle. In beiden Fällen kommt sie aus dem Inneren des Bildes, im ersten Fall spirituell bedingt, im zweiten Fall ist es eine elektronische Lichtquelle. Nur im Zeitalter der Kunst kam sie von außen, auf natürliche Art, denn die Hauptlichtquelle ist die Sonne.

Auch im Falle der Bilder und ihrer Entwicklung ist also eine Wiederkehr zu beobachten. Vielleicht darf man sagen, daß die Bilder auch deshalb den Tod in sich tragen, weil sie wiederkommen – beziehungsweise der Rezipient sie wieder betrachtet wie einst – (erinnert wird man bei diesem Gedanken an das Wiedergängermotiv), und weil sie dadurch auch auf Entstehung und Vergänglichkeit hinweisen, die wie Leben und Tod einander sich ewig ablösen und nie alternierend, sondern immer additiv auftreten.

Außerdem verweisen bereits die ersten Bilder, die dem Zeitalter des Idols angehören, auf den Tod. Das Christentum, das eine Phase dieses Zeitalters prägte, bediente sich des Todes als Anker, indem es ihn „ins Zentrum all seiner imaginären Operationen gestellt hat".[149] Auf das Bild übertragen, bedeutet dieser Umstand, daß die Menschen sich vorgestellt haben, „sie könnten ihren eigenen Tod töten, indem sie sich das zentrale Bild eines Gottes verschafften, der bereit sein würde, für sie zu sterben (das heißt zu sterben, um

---

[149] Didi-Hubermann: Vor einem Bild, S. 232.

sie vom Tod zu erlösen)".[150] Nur kann ein Bild den Tod nicht schluk-
ken, weil der Erlöser auferstanden ist; „denn so wie jemand, der
sagt 'ich liebe Dich nicht', dennoch das Wort Liebe ausspricht, so
läßt auch derjenige, der von Auferstehung spricht, weiterhin die Arbeit des Todes in sich zu".[151]

Wichtiges und allen Bildern gemeinsames Element ist der Schein.
Im Zeitalter des Idols schien Gott den Menschen durch das Bild zu
beobachten, im Zeitalter der Kunst und in der ersten Ordnung der
Simulakren wurde mit dem Schein gespielt, dadurch eine Differenz
zum Realen hergestellt und somit eine Spannung erzeugt, und für
die Bilder der Videosphäre beziehungsweise der Simulakren zweiter
und dritter Ordnung läßt sich sagen, daß sie die Differenz, die durch
den Schein entsteht, verleugnen, um sich selbst als echt zu feiern.

---

[150] Didi-Hubermann: Vor einem Bild, S. 233.

[151] Didi-Hubermann: Vor einem Bild, S. 233.

4.2.2. Schein und Sein

Kunstwerke und Bilder, egal aus welcher Epoche, welchem Zeitalter des Blicks oder welcher Ordnung des Simulakrums sie zuzuordnen sind, haben also eines gemeinsam: Ihnen wohnt ein Schein inne. Wer und wann auch immer sich Gedanken über Ästhetik und Kunst macht und machte, kommt unweigerlich auf den Schein zu sprechen. Der Abriß über die Geschichte der Ästhetik (Kapitel 4.1.) hat gezeigt, daß bereits in der Antike der Schein ein Diskussionspunkt war. Der Begriff Schein wird jetzt auf der Grundlage von Martin Seels Definition in bezug auf das Bild genauer betrachtet. Über die Begriffe Schein und Sein, die sozusagen für Abwesendes und Anwesendes stehen, soll der Bezug des Bildes zum Tod deutlich gemacht werden.

Der Schein wohnt jedem Kunstwerk und jedem Bild inne. Martin Seel versteht „die Formen des ästhetischen Scheins als Modi eines ästhetischen Erscheinens".[152] Mit Schein hat man es zu tun, wenn etwas anders gegenwärtig ist, als es tatsächlich ist. Es handelt sich um sinnliche Vorspiegelungen, denen in der Situation ihrer Wahrnehmung keine phänomenale Wirklichkeit entspricht.[153] In einer Kinovorführung mit Dolby - Surround - Effekt kann das Geräusch des Mörders, der sich von hinten nähert, ein Erschrecken bewirken, obwohl keine phänomenale Wirklichkeit dieses Geräusch hervorruft. Es wird sinnlich vorgespiegelt, in diesem Falle akustisch, daß sich jemand von hinten nähert.

Um die im folgenden beschriebenen Arten von Schein zu unterscheiden, wird erst einmal betrachtet, wie Schein entsteht. In bezug auf alle Wahrnehmungsobjekte können wir uns auf verschiedene Weise täuschen. Etwas erscheint uns so, wie es in Wirklichkeit nicht ist. Geschieht dies, wenn die betreffenden Gegenstände anwesend sind, erliegen wir nicht nur einem Irrtum, sondern einem Schein. Dies ist zum Beispiel der Fall, wenn das Telefonklingeln aus dem Fernseher kommt und nicht von dem Apparat, der im gleichen Zimmer steht. Diese mangelhaften Bestimmungen des Gegenstandes

---

[152] Seel: Ästhetik des Erscheinens, S. 102

[153] Seel: Ästhetik des Erscheinens, S. 102.

können enttäuschend sein – es ist leider doch nicht der erwartete Anruf – oder komisch wirken – jemand hastet zum Telefon. Die Entdeckung dieser Täuschung bewirkt auf jeden Fall eine Korrektur. Diese Korrektur kann wiederum zwei verschiedene Arten von Schein bewirken. Sie kann als Erweiterung verbucht werden, wenn der Betrachter sich auf ein Verweilen bei dem so erscheinenden Objekt einläßt. Im Falle des Mörders von hinten in dem Beispiel der Kinovorführung wäre das Ergebnis ein wohliges Schaudern ob der scheinbaren Gefahr. Seel spricht in diesem Falle von einem tragenden Schein, weil der täuschende Schein „hier eine positiv bewertete Wahrnehmung tragen"[154] kann.

Die andere Art des Scheins, den eine Korrektur des Irrtums bewirken kann, ist der von Seel sogenannte faktische Schein. Die Korrektur des Irrtums wird als Entwertung der Wahrnehmung verbucht und durch eine vermeintlich richtige Ansicht ersetzt. Im Falle der in Kapitel 4.2. erwähnten Filmvorführung auf dem Jahrmarkt ist der Moment des Umfallens des Rezipienten sicherlich der Moment, in dem der Schein durchschaut wird.[155] Ein anderes Beispiel für die Wirkung des Scheins ist eine der ersten Vorführungen eines kurzen Films. Die Brüder Lumière haben Ende des 19. Jahrhunderts die ersten bewegten Bilder, also einen kurzen Film, vorgeführt. Er zeigt das Herannahen eines Zuges. Dieser Zug bewegt sich direkt auf die Kamera zu, so daß es den Anschein hat, er bewege sich auf den Betracher zu. Bei den ersten Vorführungen dieses Filmes stob das Publikum entsetzt auseinander, um nicht unter die Räder dieses Zuges zu geraten. Es unterlag einem undurchschauten, also einem täuschenden und faktischen Schein.

Seel unterscheidet außerdem noch einen imaginativen Schein, bei dem eine andere Gegenwart vergegenwärtigt wird, als die, die gegenwärtig ist. Mit imaginativem Schein sind sinnliche Vorstellungen gemeint, die sich auf reale oder fiktive Welten außerhalb der Situati-

---

[154] Seel: Ästhetik des Erscheinens, S. 104.

[155] Der durchschaute Schein kann aber auch nutzbar gemacht werden. Dies betrifft zum Beispiel den Bereich der Simulation. In einem Flugsimulator ist der Schein, in diesem Fall die Täuschung, als Irrtum erkannt, wird aber nicht korrigiert. Die erfolgreiche Beherrschung von Simulationstechniken basiert durchweg auf durchschautem Schein.

on der ästhetischen Wahrnehmung beziehen. „Die Imagination", wie er den imaginativen Schein bezeichnet, „ist an keinen Wahrnehmungsschein gebunden."[156] Die Imagination braucht keinen äußeren Anlaß, um in Gang gesetzt zu werden. Da es bei der Diskussion des Scheins in der vorliegenden Arbeit um das Bild geht, das einen realen und gegenwärtigen Anlaß darstellt, wird der imaginative Schein nicht in die Diskussion einbezogen.[157]

Der Unterschied der Begriffe Erscheinen und Schein soll hier noch einmal verdeutlicht werden. Erscheinungen sind diskriminierbare sinnliche Beschaffenheiten von Objekten der Wahrnehmung. Ästhetischer Schein ist ein Zustand, von dem wir wissen oder wissen können, daß ihm keine tatsächliche Erscheinung entspricht. Es hängt von der Disposition des Wahrnehmenden ab, ob es zu Bildungen eines ästhetischen Scheines kommt.

Die Spannung zwischen Schein und Sein ist auch die Spannung zwischen Abwesendem und Anwesendem. Auf Bilder bezogen, gerade auf Bilder vom Tod und Darstellungen eines Menschen, der gestorben ist, tritt dieser Umstand besonders deutlich zutage. Das Bild hat an sich immer schon mit dem Tod zu tun; es steht für etwas Abwesendes, wobei es gleichzeitig eine Anwesenheit darstellt. Es stellt eine Anwesenheit dar, die es gleichzeitig verneint. Der Tote wird abgebildet, um betrachtet werden zu können, da er durch den Tod seines natürlichen Körpers beraubt wurde. Der tote Körper der Person kann nichts mehr verkörpern. Ein Bild muß seine Abwesenheit bannen und das Lebendige und Gegenwärtige durch diese Bannung auf eine zweidimensionale Fläche dem Tode entreißen. „Das Bild war nicht nur Kompensation, sondern gewann im Akt der Stellvertretung ein 'Sein', das es im Namen des Körpers repräsentierte, ohne daß es von dem Schein widerlegt wurde, aus dem es gewirkt ist."[158] Der Schein, der dem Bild innewohnt, muß das auf ihm Erscheinende also nicht zwingend widerlegen, sondern kann in einer der dargelegten Spielarten auftauchen. Jedes Bild hat ein Er-

---

[156] Seel: Ästhetik des Erscheinens, S. 127.

[157] Zu „imaginativem Schein" vgl. Seel: Ästhetik des Erscheinens, Kapitel 4: „Erscheinen und Imagination", S. 118 und S. 102f.

[158] Belting: Bild-Anthropologie, S. 146.

scheinen und einen Schein, der für etwas Abwesendes steht, und „seinen wahren Sinn findet ein Bild darin, etwas abzubilden, was abwesend ist und also allein im Bild da sein kann. (...) Das Bild eines Toten ist also keine Anomalie, sondern geradezu der Ursinn dessen, was ein Bild ohnehin ist."[159]

---

[159] Belting: Bild-Anthropologie, S. 144.

4.2.3. *Photo und Gemälde*

Ausgehend von den Beobachtungen und Untersuchungen, die Debray und Baudrillard angestellt haben, und auf der im Kapitel über Schein und Sein erarbeiteten Grundlage, warum Bild und Tod in engem Zusammenhang stehen, schließt sich jetzt ein Vergleich von Gemälde und Photo an. Von dort aus wird dann über das Photo und das vom Photo ausgehende bewegte Bild, den Film, über das Fernsehen hin zur Computersimulation der Bezug zur Gegenwart und der angeblichen Verdrängung des Todes hergestellt.

Photographien sind Dokumente der Vergangenheit, Gemälde sind Vorhersagen, die aus der Vergangenheit empfangen werden. „Eine Photographie ist der Beweis für das Zusammentreffen von Ereignis und Photograph. Eine Zeichnung fragt behutsam nach der Erscheinung eines Ereignisses und erinnert uns – indem sie das tut – daran, daß jede Erscheinung eine Gestaltung ist, mit einer Geschichte."[160] Das Bild bleibt statisch, obwohl es sich auf eine dynamische Welt außerhalb seiner Ränder bezieht: Es zeigt einen Kontrast zwischen statisch und dynamisch.

Anders als das Kunstbild ist das Photo ein Beleg für Leben. Ein Photo belegt den Moment der Aufnahme, ein Gemälde erzählt, wie der Maler die Szene wahrgenommen hat. Auf einem Photo kann es im Gegensatz zum Gemälde zum Beispiel keine Geister, Engel oder Aliens geben. Das Photo ist ein Medium, das der Wahrheitssuche dienlich scheint.[161] Es gibt zum Beispiel die Scheu mancher Menschen, photographiert zu werden. Ursache dafür könnte das Gefühl sein, daß der Blick, die Haltung, Frisur und Kleidung, die im Moment des Photos festgehalten wird, ein Beleg für die Wahrheit ist. Das Photo gilt als Wahrheit. Wünsche und Projektionen, die sich an den gängigen Schönheitsidealen orientieren, die auf Hochglanzphotos zu finden sind, bedingen die Sorge, enttäuscht zu werden; womöglich oder sogar sehr wahrscheinlich weicht das eigene Photo von den Photos ab, auf denen das Schönheitsideal zu sehen ist. „Es gibt

---

[160] Berger, John: Das Sichtbare und das Verborgene. Essays. München, Wien, 1990, S. 156.

[161] Benjamin: Das Kunstwerk, S. 50.

in unserem Zeitalter kein Kunstwerk, das so aufmerksam betrachtet würde, wie die Bildnisphotographie des eigenen Selbst, der nächsten Verwandten und Freunde, der Geliebten."[162]

Das Photo ist nicht nur eine angebliche Wahrheit, es dient auch als Vereinfachung der Betrachtung, weil es sich beim Photo auch um eine Verkleinerungstechnik handelt. Durch diese Verkleinerungstechnik wird dem Menschen eine gewisse Herrschaft über die abgebildeten Objekte gegeben, wie zum Beispiel bei der Architektur.[163] Ein Gebäude, wie eine Kirche, kann nicht mit einem Blick erfaßt werden; das Photo macht dies möglich. Man kann einen Blick aus jeder Himmelsrichtung, also vier Ansichten eines Gebäudes gleichzeitig vor sich haben. Um die Kirche müßte man herumgehen, den richtigen Abstand einnehmen, um sie von jeder Seite zu sehen.

Das Photo allerdings bringt im Betrachter den Assoziationsmechanismus zum Stehen.[164] Nach Marshall McLuhan ist ein Photo ein heißes Medium, was bedeutet, daß es durch seine Informationsdichte so detailreich ist, daß es vom Betrachter keine eigene gedankliche Arbeit zur Ergänzung des Gesehenen fordert. Assoziationen sind nicht nötig, da das Photo bereits genug Details bietet. Das Photo bietet dem Betrachter keine Möglichkeitsräume an; die Möglichkeiten liegen nicht mehr beim Rezipienten, sondern im technischen Verfahren zur Herstellung des Photos. Dem entgegen stellt McLuhan als Beispiel für ein sogenanntes kaltes Medium die Karikatur.[165] Bestehend aus einigen wenigen Linien ist sie im Gegensatz zum Photo sehr detailarm. Der Rezipient muß Informationen ergänzen, sich Gedanken machen, warum diese Zeichnung witzig oder bissig sein soll, beziehungsweise, was sie überhaupt sein soll. „Heiße Medien verlangen daher nur in geringem Maße persönliche Beteiligung, aber kühle Medien in hohem Grade persönliche Beteiligung oder Vervollständigung durch das Publikum."[166] Das Kunstbild bietet anscheinend die Möglichkeit,

162 Lichtwark zitiert nach Benjamin: Das Kunstwerk, S. 60.
163 Benjamin: Das Kunstwerk, S. 61.
164 Vgl. Benjamin: Das Kunstwerk, S. 64.
165 Vgl. McLuhan: Die magischen Kanäle, S. 44–61.
166 McLuhan: Die magischen Kanäle, S. 45.

Gedanken, Projektionen und Geschichten des Betrachters aufzu-
nehmen. Es darf und muß ergänzt werden, was den Assoziationsmechanismus des Rezipienten in Gang bringt. Da das Photo die
Assoziationen stoppt, bedarf es einer anderen Ergänzung. Hier setzt
die Schrift ein, als Ergänzung, als Assoziationshilfe. Pixel zu betrachten, bedarf anscheinend der Hinzufügung von Geschichten, um
etwas in ihnen lesen zu können. Ist der „Assoziationsmechanismus
zum Stehen" gebracht worden, „hat die Beschriftung einzusetzen, ...
ohne die alle photographische Konstruktion im Ungefähren stecken
bleiben muß".[167] Das Kunstbild hingegen bedarf des Lesens, um die
Geschichte aus ihm herauszuholen.

Ein Kunstbild bietet etwas an, sein Inhalt ist mehrfach zu deuten.
Bei der Photographie hat das Wechselspiel zwischen Pixeln und
Text ausschließlichen Charakter. Ist dem Photo erst Information
beigesteuert, ist eine Erweiterung in eine andere, vielleicht konträre
Richtung nicht mehr möglich. Bei einem Gemälde führt eine neue
Sichtweise die vorhergehende nicht ad absurdum. Sogar ein und
demselben Betrachter stehen mehrere Möglichkeiten offen, das
Kunstbild zu deuten. Genau hier kann der in Kapitel 4.2.2. beschriebene tragende Schein einsetzen, der jede neu entdeckte Möglichkeit als willkommene Erweiterung verbucht. Dieser Unterschied entsteht, da das Photo dem Augenblick verhaftet ist, und ein Augenblick kann nur eine Wahrheit haben. „Man könnte versucht sein zu
sagen, daß Gemälde einen Augenblick festhalten. Denkt man darüber nach, trifft dies offensichtlich nicht zu. Denn der Augenblick eines Gemäldes hat – im Gegensatz zum photographierten Augenblick – so nie existiert."[168]

Das Photo hat einen Wahrheitsanspruch, weil es einen sichtbaren
und somit überprüfbaren Augenblick ablichtet.[169] Sehen kann man,

---

[167] Benjamin: Das Kunstwerk, S. 64.

[168] Berger: Das Sichtbare, S. 219.

[169] Die Überschrift einer Meldung im Tagesspiegel vom 30.Oktober 2001 lautet:
'Fotos weg, Hochzeit darf wiederholt werden.' Die Erinnerungsphotos von
der Hochzeit eines Paares waren in der Post verlorengegangen. Die Photos
waren gut versichert, die Versicherung erklärte sich bereit, den Tag noch
einmal nachstellen zu lassen. Alle Gäste reisten erneut an. Es hat den Anschein, daß die Hochzeit als nicht stattgefunden angesehen wurde, ohne

wenn man Licht hat, und was man sehen kann, gilt als wahr. Photographieren ohne Lichtquelle ist nicht möglich; es scheint zwar absurd, aber etwas mit Stift oder Pinsel zu Papier zu bringen, wäre auch in völligem Dunkel möglich. Der photographierte Augenblick bewahrt genau diesen Augenblick davor, von all den darauffolgenden verdrängt zu werden. So weist der Augenblick auf einem Photo bereits auf den Tod hin. An den Moment des Photos schließt sich ein nächster Moment an. Augenblick reiht sich an Augenblick – unaufhaltsam –, bis zum letzten Augenblick in einem Menschenleben. Mehrere Wahrheiten schließen einander aus. Aber erst einmal ist ein Photo wie ein offenes Faß, in das man ungestraft und unkorrigiert alles hineinwerfen kann.

Deutlich wird das am Beispiel einer Werbekampagne der Illustrierten *Stern*. Das Prinzip dieser Kampagne ist, drei Mal das gleiche Photo nebeneinander zu zeigen und jedes Photo mit einer anderen Bildunterschrift zu versehen, was den Effekt hat, daß das Photo jedesmal eine andere Bedeutung gewinnt. Ein Bild aus dieser Reihe zeigt drei Mal nebeneinander eine mit einer Strumpfmaske vermummte Person. Die drei unterschiedlichen Bildunterschriften lauten: „Demonstrant?", „Karnevalist?", „Außenminister?". Verblüffend, wie mit jedem Kommentar das gleiche Bild eine völlig neue Aussage bekommt. Die Ergänzung des Bildes durch das Wort „Demonstrant" läßt den Betrachter dieses Photo um bekannte Szenarien ergänzen: andere Demonstranten, hochgehaltene Plakate, Einsatztruppen der Polizei und ähnliches. Die Bildunterschrift „Karnevalist" verleiht dem Photo eine heitere Stimmung, man geht davon aus, daß der Abgelichtete sich maskiert auf einer Feierlichkeit befindet und sich entsprechend amüsiert. Die dritte Bildunterschrift „Außenminister" macht das Photo zum Seitenhieb auf die gerade publik gewordene Vergangenheit von Joschka Fischer, einer Person des öffentlichen Lebens und Außenminister der Bundesrepublik Deutschland. Mit dieser schriftlichen Ergänzung bedarf es beim Betrachter sogar der meisten Assoziationen. Ohne das Wissen um Fischers Vergangenheit kann dieses Photo in Zusammenhang mit der Bildunterschrift nicht verstanden werden; die ganze Kampagne verlöre ihre Wir-

---

den Beleg durch Photos. War sie nicht wahr, weil es keine Photos mehr gab? Man mag der Meldung Glauben schenken oder nicht, bemerkenswert ist der Hinweis auf das Photo als Wahrheitsbeleg und Erinnerungsstütze.

kung. Fast wird das Photo so zu einer Karikatur oder Satire. Ein anderes, sehr brisantes Beispiel gibt der Film „Wag the dog"[170], in dem via Fernsehen von einem Krieg berichtet wird, den es gar nicht gibt. In Dreharbeiten mit Schauspielern werden Kriegsszenarien gespielt, die mit dem entsprechenden Kommentar von Schauspielern in den Rollen von Außenkorrespondenten und Kriegsberichterstattern versehen und im Fernsehen gesendet werden. Die gewünschte politische Wirkung, die Ablenkung von den sexuellen Eskapaden des Staatspräsidenten, wird erreicht, weil den Bildern vom Krieg mit ihren Kommentaren über diesen angeblichen Krieg Glauben geschenkt wird. Die angebliche Wahrheit des Moments eines Photos hält also auch stand, wenn mehrere Photos hintereinandergereiht zu einem Film werden. Jean-Luc Godard sagt dazu: „Film ist 24 mal Wahrheit pro Sekunde."[171]

„Wir sind es, die sie (die Photographien) in Bewegung setzen, während ein Gemälde und eine Zeichnung uns zwingen, anzuhalten und in ihre Zeit einzutreten."[172] Anders als Berger formuliert Benjamin diesen Sachverhalt: „... es ist im Grunde die alte Klage, daß die Massen Zerstreuung suchen, die Kunst aber vom Betrachter Sammlung verlangt."[173] Deutlich merkt man, was gemeint ist, wenn man zum Beispiel im Ausland auf dem Titelblatt einer Zeitung ein Photo einer fremden Person sieht. Ist man der Sprache des Landes nicht mächtig, kann man die Schlagzeile oder die Bildunterschrift nicht lesen und dem Photo keine oder auch jede beliebige Bedeutung zuweisen. Der ernste junge Mann auf dem Photo könnte ein Verbrecher nach der Urteilsverkündung oder genausogut ein Lebensretter nach der Medaillen - Verleihung sein. Erst durch diese Ergänzungen wird die Photographie durch uns in Bewegung gesetzt. Ein Gemälde eines ausländischen Künstlers oder eines in einem Museum in einer fremden Stadt lädt zu kontemplativer Betrachtung ein, drängt nicht danach, durch einen Kommentar erklärt oder ergänzt zu werden. Der entscheidende Unterschied zwischen Photo und Kunstbild ist,

[170] USA, 1997, Regie: Barry Levinson.

[171] Jean-Luc Godard zitiert nach Virilio, Paul: *Ästhetik des Verschwindens*. Berlin, 1986, S. 57.

[172] Berger: Das Sichtbare, S. 156.

[173] Benjamin: Das Kunstwerk, S. 40.

daß das Photo ein Schnappschuß ist, der von einem Apparat einge-
fangen wurde und das Kunstbild von einem Menschen geschaffen
wurde. Kunstwerke sind keine spontanen Darbietungen; sie sind al-
lesamt inszeniert. Betrachtet man *Saturday Disaster* von Warhol,
wird deutlich, was mit Inszenierung gemeint ist, und warum dieses
Bild als Kunstwerk gilt. Die Grundlage ist ein Photo, nicht mehr als
ein Schnappschuß, wie er ähnlich täglich als Verdoppelung des Alltags in den Medien zu sehen ist. Warhol hat nun dieses Photo inszeniert. Er hat es verdoppelt und zwei identische Abzüge untereinander abgebildet, er hat etwas geschaffen, was vorher nicht da war,
und er hat genau mit den Tatsachen gearbeitet, die ein Photo cha-
rakterisieren. Ein Photo gehört zu den Bildern, die dadurch, daß sie
endlos reproduzierbar sind, einer Serie angehören, genau das, was
das Photo selbst verleugnet. Warhol hat eben das sichtbar gemacht,
indem er das Bild verdoppelt hat. Außerdem hat er mit der Verdoppelung des Photos dieses als Verdoppelung des Alltags entlarvt,
was sonst nicht auffällt, da ein Photo den Betrachter nicht dazu
bringt anzuhalten. Warhol erzwingt mit seinem Werk dieses Anhal-
ten, indem er den Schein als Schein sichtbar macht. Dieses Aufdek-
ken von Schein macht ein Bild zu einem Kunstwerk, weil der Kunst
innewohnt, mit der Spannung zwischen Schein und Sein zu spielen
und sie sichtbar zu machen.

Während Musik, Lesungen und Theateraufführungen auch auf den
Vortragenden hinweisen, weist das Bild immer auf etwas Abwesendes hin: Das oder der Abgebildete selbst ist nicht anwesend, ebensowenig wie der Künstler. Musikalische und verbale Darbietungen
haben einen Beginn und ein Ende. Ein Gemälde hat nur rein räum-
lich Anfang und Ende. „Kunst hat die Macht, in der Sprache der Zeit-
losigkeit über das Vergängliche zu sprechen."[174] Das Sichtbare erzeugt den Glauben an die Wirklichkeit des Unsichtbaren. Den Tod
darzustellen, gelingt nicht. Es wird ein Moment dargestellt: der Todeskampf, wie in dem Gemälde *Die Marter des Sisamnes,* der Auf-
gebahrte, beziehungsweise der Tote, wie in Warhols *Saturday Disaster,* oder ein Skelett als Allegorie für den Tod, wie in Ensors *Der
Triumph des Todes.* Der Tod selbst bleibt eine Abwesenheit, und
„Abwesenheit liegt in der Mitte zwischen Zeit und Raum".[175] Dem

---

[174] Berger: Das Sichtbare, S. 224.
[175] Berger: Das Sichtbare, S. 227.

Tod sich zu nähern, bleibt uns unmöglich, da ein Sichtbarmachen unmöglich bleibt. „Das Sichtbare existiert, weil es bereits gesehen worden ist."[176] Noch niemand hat den Tod sehen können, deshalb kann er nicht sichtbar gemacht werden. Die sterbliche Hülle ist das einzig Sichtbare – was aber ist der Entleibte? Die Fragen, wie er aussieht, wo er ist, ob es ihn gibt, bleiben unbeantwortet.

Die Photographie ist ein zeitgemäßes memento mori; sie macht das Verfliegen von Lebenszeit sichtbar. „Die Photographie, die ja den Lebensstrom unterbricht, flirtet immer mit dem Tod."[177] Jedes Bild hat mit dem Tod zu tun, aber in besonderer Weise trifft das auf das Photo zu. Es hält Augenblicke des Lebens fest, wodurch es sich dem Tod zuwendet, ohne diesen Umstand preiszugeben. So sagt Roland Barthes: „Das Kinderfoto meiner Mutter vor Augen, sage ich mir: sie wird sterben; ich erschauere (...) vor einer Katastrophe, die bereits stattgefunden hat. Gleichviel, ob das Subjekt, das sie erfährt, schon tot ist oder nicht, ist jegliche Photographie diese Katastrophe."[178]

Unzweifelhaft beinhalten Photographien, vor allem, wenn sie Menschen abbilden, den Tod beziehungsweise zeugen vom Tod des Lebens. Ein Photo kann als rituelles Instrument der Erinnerung an bestimmte Ereignisse genutzt werden, weil es Einzelaspekte vor dem Vergessenwerden schützt. Das Kunstwerk besitzt laut Benjamin ein Hier und Jetzt,[179] das Photo verkörpert ein Damals. Es bleibt allerdings wirkungslos in bezug auf die Bewältigung des Verlustes einer geliebten Person oder die Bewältigung der eigenen Sterblichkeit, weil es keine kontemplative Versenkung zuläßt, und weil es dazu einer größeren Gruppe bedarf. Fällt die magische Praxis eines Bildes weg, die Kontemplation erst möglich macht, ist es nur noch ein Medium der Erinnerung.[180] Die Selbsterinnerung anhand von Photos „ist nur eine Vorübung, aber keine Bewältigung des To-

---

[176] Berger: Das Sichtbare, S. 232.

[177] Berger: Das Sichtbare, S. 140.

[178] Zitiert nach Nibbrig: Ästhetik der letzten Dinge, S. 195.

[179] Vgl. Benjamin: Das Kunstwerk, S. 11.

[180] Vgl. Belting: Bild-Anthropologie, S. 149.

des".[181] Daß ein Kunstbild eine Hilfe zur Bewältigung des Todes ist, ist hier nicht zu beweisen. Im Gegensatz zum Photo aber eröffnet es durch die Möglichkeit, es kontemplativ zu betrachten, eine Erweiterung der Wahrnehmung. Auf den Tod bezogen, bedeutet das einen Ausweg aus der Sackgasse der Trauer. Ein Kunstwerk kann etwas anbieten, wenn es um die Bewältigung des Todes, des furchtbaren Nichts geht: „Die Antwort auf das schwindelerregende Nichts, die van Gogh anbietet, ist die Erschaffung der Welt."[182]

Obwohl die Bilder ihren Zusammenhang mit kultischen Handlungen verloren haben, dienen sie doch versteckt einer Art von Ritualen. Zum einen ist das Bild ein Vermittler zwischen Seiendem und Nichtseiendem und zwischen Gegenwart und Vergangenheit. Das eine könnte ohne das andere gar nicht zum Vorschein kommen. Und das Sichtbare bleibt die Hauptquelle für unsere Kenntnis der Welt.[183] Ein Bild ist somit die Verflechtung von Seiendem und Nichtseiendem. Es bietet einen Ort an, an dem beidem stattgegeben wird,[184] so wie in den Initiationsriten in den archaischen Kulturen ein Ort geschaffen wurde, wo Seiendem und Nichtseiendem die Möglichkeit des gleichzeitigen Auftretens gegeben wurde.

Zum anderen dringen die photographischen Bilder und die Fernsehbilder aus der öffentlichen in unsere private Sphäre ein, was zugelassen wird, da wir eine schützende Distanz zur öffentlichen Sphäre verspüren. Bilder machen uns unsere Welt vorstellbar. Und der Mensch beginnt, nach den von ihm geschaffenen Bildern zu leben. Die große Erreichbarkeit dieser Bilder überbringt auch das Gefühl des Kollektivs. Eine Person kann betrachten, was Millionen anderer auch gerade sehen können. Dadurch bekommen die Bilder etwas Verbindendes und auch Rituelles, was den Einzelnen aus der abgekapselten Privatheit in die öffentliche Sphäre zurückführt. Es wird versucht, die Angst vor der Einsamkeit und dem Tod durch den Konsum von Bildern auszugleichen. Durch kein gemeinschaftliches

---

[181] Belting: Bild-Anthropologie, S. 188.

[182] Berger: Das Sichtbare, S. 291.

[183] Berger: Das Sichtbare, S. 231.

[184] Vgl. Därmann, Iris: Tod und Bild. Eine phänomenologische Mediengeschichte. München, 1995 (Phänomenologische Untersuchungen, Band 5), S. 174.

Ritual geschützt und mit der daraus resultierenden Sehnsucht nach einem Kollektiv, konsumiert der Einzelne die Bilder, die die öffentliche Sphäre und den Tod transportieren.

Ein Kunstbild bietet also im Unterschied zum Photo die Möglichkeit der kontemplativen Versenkung. Das Photo bringt die Assoziationen zum Stehen, das Gemälde setzt sie in Gang. Das Photo gilt als Beleg für Leben und gleichzeitig als Wahrheitsbeleg. So unterschiedlich die beiden Erscheinungsformen von Bild sind, beiden gemeinsam ist der Bezug zum Tod, der allen Bildern innewohnt, weil sie die auf ihnen dargestellte Anwesenheit von Menschen, Dingen oder Landschaften gleichzeitig verneinen und so für etwas Abwesendes stehen; und die größte bekannte Abwesenheit ist der Tod. Desweiteren bringen die Bilder, vor allem die Bilder der heutigen Medien, den verdrängten Tod wieder zum Vorschein, indem sie ihn aus der öffentlichen Sphäre in die private Sphäre, die wir uns so frei vom Tod halten, transportieren. Außerdem stehen sie für verlorengegangene Rituale, mit denen man dem Tod früher begegnete. Die Bilder der modernen Medien vermitteln ein Gefühl von Kollektiv, ohne das man dem Tod nicht begegnen kann.

5. Das Zeitalter der Pixel und der Tod

> *Der Dialog des Menschen mit dem Leben,*
> *dessen stiller Motor der Tod ist, bricht*
> *nicht einfach ab. Er hat mehr als nur eine*
> *'Kunst', mehr als nur ein 'Medium' in petto.*
> *Es ist keineswegs sicher, daß die Malerei*
> *(als eine der zentralen Künste) überleben*
> *wird. Denn keine einzige Technik zur Dar-*
> *stellung der Welt ist unsterblich. Nur das*
> *Bedürfnis, diese durch Fixierung des Un-*
> *beständigen zu verewigen.*[185]

Nach den in Kapitel 4. dargelegten Ergebnissen des Zusammen-
hangs zwischen Tod und Bild folgen aktuelle Beispiele, die diesen
Zusammenhang belegen und aufzeigen, wo sich der Tod in der heutigen Zeit sichtbar macht. Begonnen wird mit einer Weiterführung
und genaueren Betrachtung der Ausführungen Baudrillards, die in
Kapitel 3.2. als Grundlage rein deskriptiv dargestellt wurden. Daran
schließen sich Beispiele an, die deutlich machen, daß ein Bild einen
Ausweg aus der Faktizität der Wirklichkeit bereithalten kann und in
denen dargelegt wird, daß Bilder den Tod transportieren und ihn
auch heute, obwohl er so abgekapselt wird, auftauchen lassen.

5.1. *Den Tod tauschen: Massenmedien als Ritual*

In Kapitel 3.2. wurde aufgezeigt, daß der Tod für die Gesellschaft
unbedeutend geworden ist. Vieles, was mit den natürlichen Vorgängen, Ausscheidungen und Ausdünstungen des Körpers einhergeht,
wird als abstoßend empfunden und verborgen. Der Ekel hat sich vor
das Mitleid gestellt. Eine Ursache dafür kann in der meinungsbil-
denden Kraft der Massenmedien gesehen werden. Steriler Sex in
Filmen aus Hollywood, die Vereinigung zweier Körper wird mit Ge-
genlicht oder Weichzeichner dargestellt, niemand schwitzt, und
auch andere Körpersäfte bekommt der Zuschauer nicht zu sehen.
Zitate, wie der von Napoleon Bonaparte in einem Brief an seine Ge-
liebte anekdotisch überlieferte Satz: „Wasch Dich nicht, ich komme!", rufen ein leichtes Naserümpfen und distanziertes Lachen hervor, was eine Abgrenzung von Napoleons Wunsch zeigt. In Werbe-

---

[185] Debray: Jenseits der Bilder, S. 34.

spots für Deodorants wird suggeriert, daß es am besten sei, weder
zu schwitzen – „bleibt in jeder Situation trocken" – noch zu riechen.
Auch wenn in Filmen gestorben wird, liegt der das Leben Aushau-
chende sauber in einem ebenfalls sauberen Bett. Wenn der Tod
kommt, werden entweder die Augen geschlossen, oder der Kopf
sackt ein wenig zur Seite. Mehr wird für den Konsumenten der Filme
nicht in Szene gesetzt.[186] Alter, Körpergerüche und Tod kommen
nicht vor in unserer starken, porentief reinen Welt.

Auf der anderen Seite ist der zufällige, plötzliche und zu frühe Tod,
der Unfalltod, zu dem Tod geworden, der die Phantasie anregt und
große Gefühle hervorzurufen vermag. Er berührt die Einbildungs-
kraft und wird als bedeutsam empfunden. Der Tod im Fernsehen
und anderen Medien ist heute der spektakuläre und gewaltsame
Tod. Es ist anzunehmen, daß, wenn Queen Mom stirbt, davon berichtet werden wird, wie ihr Leben war, daß es lang und erfüllt war.
Als Lady Diana, die Ehefrau des britischen Thronfolgers Prince
Charles, hingegen durch den plötzlichen Unfalltod aus dem Leben
gerissen wurde, weinten bei ihrer Beerdigung ganze Länder vor
dem Fernseher. Der Unfall wurde rekonstruiert und analysiert, der
Verdacht eines Komplotts wurde geäußert, das junge, zu früh been-
dete Leben beklagt – ein spektakulärer Tod. Die Berichterstattung,
die angeblich mit schuld war am Tod von Lady Diana, war zugleich
die, die den Konsumenten dieser Berichte auf dem laufenden hielt
und informierte. Unsere Kultur ist augenscheinlich die des Unfalls.[187]

Dadurch, daß der natürliche Tod für die Gemeinschaft bedeutungs-
los geworden ist, weil sie daran keinen Anteil hat, gewinnt der
gewaltsame Tod an Bedeutung. Er macht aus den Einzelnen wieder
eine Art Gemeinschaft, denn Trauer ist eine kollektive Leidenschaft.

---

[186] Natürlich gibt es auch andere Filme (Ingmar Bergmann hält in „Fanny und
Alexander" (1982, Regie: Ingmar Bergmann) die Kamera so lange auf eine
lauthals den Tod ihres Ehemannes beklagende Frau, daß man es kaum
aushält); um diese zu sehen, muß man allerdings etwas tun – in ein Pro-
grammkino gehen oder genauestens die Fernsehzeitung studieren, weil
diese Filme nicht pompös angekündigt werden. Gemeint sind im Text die
leicht zugänglichen Filme auf den großen Sendern zu Hauptsendezeiten für
breite Zielgruppen.

[187] Vgl. Baudrillard: Der symbolische Tausch, S. 253-255.

Der Tod stellt ein Gefühl der Verbundenheit her. Dieses Gefühl aber ist im Gegensatz zu den alten Todesriten nur von kurzer Dauer und muß jedesmal neu wieder hergestellt werden. Ihm haftet eine Vergänglichkeit und Austauschbarkeit an; ähnlich vergänglich und austauschbar wie die Bilder, die den Unfalltod transportieren. Sie sind schnell und ebenso schnell austauschbar. Auch das Leben des ausgehenden 20. und beginnenden 21. Jahrhunderts ist von Geschwindigkeit geprägt – die Strecke von Deutschland nach Griechenland kann in einem Flugzeug in nur drei Stunden bewältigt werden, eine E-Mail läßt sich per Tastendruck ohne Verzögerung in andere Kontinente verschicken. Das Leben ist in den Fortschritt gestellt. Muße und Kontemplation scheinen fast Fremdkörper in dieser neuen Ordnung zu sein. Niemand kann also satt und zufrieden vom Leben scheiden, weil der Fortschritt nicht aufhört, es keinen Kreis der Zeit, nur noch die lineare Zeit gibt, deren Pfeil nach vorne zielt, weit nach vorne, über unseren eigenen Moment hinaus. Der Tod, die Unterbrechung der geraden Linie, kann der Gemeinschaft nichts bedeuten. Ein Stop ist nicht vorgesehen, unerwünscht und nicht zu verwerten. In einem System des Funktionierens gibt es keine Schattierungen. „Eine Maschine läuft oder sie läuft nicht. So ist die biologische Maschine tot oder lebendig."[188]

Die Gier nach Katastrophen, durch die Menschen verbunden werden, könnte ein Ausdruck der Sehnsucht nach Gemeinschaft sein, nach der gemeinsam trauernden, Todesrituale vollziehenden und den Regeln der Zeit gehorchenden Gemeinschaft, verbunden durch den Tod und die gemeinsame Trauer, die uns heute nicht mehr auffängt. Mit seiner Trauer ist jeder für sich auf sich allein gestellt, was seine Ursache in der zunehmenden Privatheit des Menschen hat.

Baudrillard legt dar, daß der Tod in unserer Kultur verdrängt, verschlossen und verbannt wird. Der Tod hat keinen Platz, er kommt nicht vor in unserem auf Funktionieren ausgerichteten Leben. Obwohl wir ihn nicht sehen wollen, taucht er auf, schafft sich Platz und verschafft sich Präsenz. Auch in der westlichen Gesellschaft findet, entgegen der These von der Entritualisierung, eine Symbolisierung des Todes statt. Der symbolische Austausch ist heute jedoch ungleich schwieriger als Ritual zu erkennen. Baudrillards Beispiele da-

---

[188] Baudrillard: Der symbolische Tausch, S. 251.

für, daß die moderne Gesellschaft keinen symbolischen Tausch mehr vollzieht, bergen jedoch Hinweise auf das Symbolische des Todes in der westlichen Welt. Einer der symbolischen Tode manifestiert sich im sogenannten „dritten Lebensalter"; die alten Menschen werden schon vor ihrem Tod vom sozialen Leben ausgeschlossen, sterben also vor ihrem körperlichen einen symbolischen Tod.[189] Ein anderer symbolischer Tod, der vor den körperlichen verlagert wird, nimmt Raum ein, wenn Menschen aus dem Arbeitsprozeß entlassen werden und ab diesem Zeitpunkt keinen gesellschaftlichen, weil keinen wirtschaftlichen Nutzen mehr haben.

Der Tausch hat andere Formen angenommen. Die Massenmedien sind der Ort des gewaltsamen Todes geworden und wiederholen den Tausch immer wieder, wie auch ein Ritual immer wieder wiederholt wird. Vielleicht sind die Massenmedien unser verstecktes Ritual. Manche Menschen sehen sich jede Woche am immer gleichen Wochentag eine bestimmte Serie im Fernsehen an, was einem Ritual sehr ähnelt. Über den immer wiederkehrenden Tod in den Massenmedien sagt Baudrillard wie zur Bestätigung:

Eine üble Ausbeutung des Todes durch die Medien? Nein: sie begnügen sich, damit zu arbeiten, daß die Ereignisse, die für alle ohne Kalkül oder Umwege unmittelbar bedeutsam sind, diejenigen Ereignisse sind, die auf die eine oder andere Weise den Tod ins Spiel bringen. In diesem Sinne sind die übelsten auch die objektivsten Medien ... – denn es handelt sich um eine kollektive Leidenschaft. Der gewaltsame oder katastrophische Tod befriedigt nicht das kleine, durch die dreckigen Massenmedien manipulierte individuelle Unbewußte ... – er berührt nur deshalb so grundlegend, weil er die Gruppe selbst ins Spiel bringt, die Begeisterung der Gruppe für sich selber, die er ... vor ihren Augen umwandelt und erlöst.[190]

---

[189] Baudrillard: Der symbolische Tausch, S.257f.

[190] Zitiert nach Richard: Todesbilder, S. 89.

5.2. Aktuelle Beispiele

5.2.1. Love Parade und Körperwelten: der Tod zeigt sich

Love Parade

Zu den Bildern, die die pure Verdoppelung des Alltags sind, gehören die Fernsehbilder von der Übertragung der Love Parade. Circa eine Million Besucher schieben sich bei dieser Veranstaltung jeden Sommer in Berlin tanzend die Straße des 17. Juni entlang. 2001 fand die 13. Love Parade statt. Inmitten der Menschenmenge fahren LKWs, die zu Tanzflächen umfunktioniert sind und mit leistungsstarken Musikanlagen für die Beschallung der Massen mit Techno-Musik sorgen. Auf den LKWs tanzen auffällig zurechtgemachte Tänzerinnen und Tänzer ohne Pause.

Das Spektakel dauert den ganzen Nachmittag an und wurde zum Beispiel 2001 live auf dem Fernsehsender RTL II übertragen. Auf dem Bildschirm waren schnell wechselnde Bilder immer gleichen Inhalts zu sehen: bunt und leicht bekleidete junge Menschen, die sich zuckend im Takt der Musik bewegten. Bemerkten sie die Kameras, winkten sie in deren Richtung, streckten ihre gepiercten Zungen heraus und tanzten dann weiter. Der Wechsel der Bilder und das Heran- und Wiederwegzoomen schien sich dem Takt der Musik anzupassen. Dem Auge blieb keine Zeit zum Verweilen; kaum konnte man ein Bild wirklich aufnehmen, da wechselte der Bildschirm auch schon zum nächsten. Bedeutung oder Inhalt erhielten die Bilder auch nicht durch die das Ereignis kommentierenden Moderatoren. Abwechselnd wurden Kommentare zur Beschreibung der Stimmung gegeben und Teilnehmer der Love Parade interviewt. Um einen Eindruck der Moderation zu geben, werden hier Beispiele aus gut vier Stunden Fernsehübertragung wiedergegeben: „Es geht ab wie verrückt hier." – „Es ist fett hier, einfach nur fett!" – „Die Sonne scheint jetzt richtig fett hier 'runter." – „Es ist richtig geile, abgefahrene Atmosphäre."[191]

---

[191] Alle Zitate aus der Übertragung der Love Parade vom 20. Juli 2001 auf dem Fernsehsender RTL II.

All das hatten auch bereits die Fernsehbilder mitgeteilt, die Moderatoren hatten es nur noch einmal in der Sprache dieser Szene wiederholt. Auch die Teilnehmer, deren Gesichter gezeigt wurden, blieben beliebige Gesichter. Die Moderatoren führten Kurzinterviews, und die hörten sich so an:

Moderator: „Hej, wer bist Du denn?"
Teilnehmerin: „Janine."
Moderator: „Und wo kommst Du her?"
Teilnehmerin: „Hannover."
Moderator: „Das war Janine aus Hannover."

oder

Moderator: „Wer bist du denn?"
Teilnehmer: „Patrick."
Moderator: „Wo kommst du her, Patrick?"
Teilnehmer: „Ich komm' aus Frankfurt."
Moderator: „Was hast du heut noch vor?"
Teilnehmer: „Feiern, fett feiern."[192]

Die Ergänzung der Bilder durch Kommentare oder Interviews ist hier im Grunde überflüssig, da die Bilder sich dadurch für den Betrachter nicht verändern oder gar mehr Informationen übermitteln würden. Nichts wäre anders, wenn Janine aus Frankfurt käme und Patrick aus Hannover oder wenn Patrick gar nicht Patrick hieße oder wenn Patrick gelogen hätte. Daß dieser Patrick ein Junge aus irgendeiner Stadt ist, der die Love Parade besucht, um zu feiern, weiß man auch ohne das Interview. Die Gesichter sind austauschbar, ebenso die anderen Bilder der Übertragung und ebenso die Kommentare der Moderatoren. Man könnte sagen, die Kommentare verdoppeln die Bilder, die schon Verdoppelungen der Realität sind.

Die ersten Umzüge der Love Parade – auf der allerersten Love Parade waren circa 150 Menschen zugegen – zogen noch Menschen an, die Lust hatten, Musik zu hören, zu tanzen und sich zu verkleiden oder witzig anzuziehen. Jetzt scheint jede Love Parade den Bil-

---

[192] Zitierte Interviews aus der Übertragung der Love Parade am 20. Juli 2001 auf dem Fernsehsender RTL II.

dern aus dem jeweils vergangenen Jahr nachzueifern. Die über eine Million Besucher jeder Love Parade versuchen nicht, sich selbst, sondern einem Bild gerecht zu werden, etwas mit dem eigenen Körper zu kopieren und diesen dadurch zum Bild zu machen und letztlich zu verleugnen. Die Tänzerin und Choreographin Sasha Waltz gibt ihre Beobachtungen der Love Parade wieder: „Für mich ist Tanzen eine Möglichkeit, nach innen zu gehen, herauszufinden, wie es in mir aussieht. Und ich habe den Verdacht, daß es bei der Love Parade nur um das Außen geht, die Darstellung eines Bildes, das man von sich abgeben möchte ... die Bilder von der Love Parade der letzten zwei, drei Jahre haben einen traurigen Eindruck vermittelt, als ob die 16-Jährigen den Bildern hinterhertanzen, die sie vor vier Jahren im Fernsehen gesehen haben. Man schafft sich keine eigenen Bilder mehr, man kopiert nur noch."[193]

Die Bilder, die laut Debray dem visuellen Zeitalter und nach Baudrillard der dritten Ordnung der Simulakren zugeordnet sind, die auf keinen Ursprung mehr verweisen, weil sie Kopie und Serie sind, dienen den jungen Besuchern als Vorlage für die Gestaltung und das Feiern auf der Love Parade. Ohne düstere Gedanken meinen sie, das pure Leben zu feiern, das keiner Einschränkung unterliegt, da es keinen Verweis über die Gegenwart hinaus gibt. Erinnert sei an das Zitat von Debray: „... die Gegenwart ist euer Gott." Anscheinend besteht keine Möglichkeit, daß hier der Gedanke an den Tod auftaucht, obwohl das ganze doch mitten im Leben stattfindet. „Fest steht jedenfalls, daß in der deutschen Gesellschaft der Tod weitgehend ausgeklammert wird. Wenn sich jemand wirklich mit seinem eigenen Körper auseinandersetzt, sich damit beschäftigt, wer er ist, dann muß er sich auch mit der eigenen Endlichkeit befassen. Jemand, der seinen Körper kennt, hat ein anderes Verhältnis zu Krankheit, zum Tod. In unserem Leben geht es viel zu viel um Ausdruck, immer um Ausdruck, um Darstellung."[194]

---

[193] Sasha Waltz in: Der Tagesspiegel vom 22. Juli 2001.

[194] Sasha Waltz in: Der Tagesspiegel vom 22. Juli 2001.

Körperwelten

Der Tod hat sich aber dennoch einen Weg gebahnt. Ein Wagen der Love Parade, der sich mit lauter Musik und Tänzern darauf seinen Weg durch die vielen Raver bahnte, war der Wagen von Prof. Gunther von Hagens.

Von Hagens ist der Mann, der die umstrittene Ausstellung *Körperwelten* ins Leben gerufen hat. Die Ausstellungsstücke sind durch das von ihm entwickelte Verfahren der Plastination in jedem Detail erhaltene tote Menschen. Selbst menschliche Zellen sind unter dem Mikroskop zu erkennen. Durch die Plastination kann man genau betrachten, wie Muskelstränge, Sehnen, Nerven- und Blutbahnen verlaufen, wie innere Organe aussehen oder wie sich die Lunge eines Rauchers von der eines Nichtrauchers unterscheidet.

Die Besucher dieser Ausstellung erhalten einzigartige Einblicke in den gesunden wie in den kranken Körper, wie sie bislang nicht einmal Medizinern auf solch umfassende Weise möglich waren. Zu sehen sind mehr als 200 echte menschliche Plastinate, sowohl ganze Körper wie einzelne Organe und transparente Körperscheiben.
Durch das von Gunther von Hagens erfundene und entwickelte Verfahren der Plastination wird das Wasser der Gewebsflüssigkeit durch spezielle Kunststoffe ersetzt. Die Zellen und das natürliche Oberflächenrelief bleiben dabei in ihrer ursprünglichen Form bis in den mikroskopischen Bereich dauerhaft erhalten.[195]

Von Hagens' Plastinate sind nach Körperfunktionen geordnet; man kann den Bewegungsapparat, den Blutkreislauf und das Nervensystem unabhängig voneinander betrachten. Es gibt sozusagen keinen „ganzen" Menschen in dieser Ausstellung, was den Plastinaten ihre Ähnlichkeit mit einem Menschen nimmt. Keines der Plastinate hat eine Hülle aus Haut, einzig der plastinierte Leichnam eines Mannes „trägt" seine eigene Haut gleichsam lässig über einem Arm wie einen Mantel. In einem gesonderten Raum sind mißgebildete plastinierte Embryonen und Säuglinge zu sehen. Wasserköpfe, Hasenscharten und siamesische Zwillinge befinden sich hinter einer Tür, an der ein Zettel die Besucher warnt, daß die Ausstellungsstücke in diesem Raum die Gefühle mancher Menschen verletzen könnten.

---

[195] Auszug aus dem Prospekt zu *Körperwelten*.

Über die Menschen, die nach ihrem Tod plastiniert wurden, erfährt der Besucher der Ausstellung nichts. Die Plastinate riefen und rufen heftige Diskussionen hervor. Pietätlosigkeit und Menschenverachtung wird von Hagens und seinem Team vorgeworfen. Andere Besucher sind angetan und begeistert – manche lassen sich nach dem Besuch der Ausstellung in ein Verzeichnis aufnehmen, in dem sie ihren Körper nach ihrem Ableben der medizinischen Forschung zur Verfügung stellen.

In Berlin war das Interesse so groß, daß die Besucher Wartezeiten von bis zu vier Stunden in Kauf nahmen. Woher rührt dieses Interesse? Die Grenzen vom „artistischen Wert" und der „wissenschaftlichen Verwertbarkeit" der Plastinate sind in diesem Fall schwer auseinanderzuhalten.[196] Waren die Besucher, wenn sie nicht Ärzte, Pflegepersonal oder Bestattungsunternehmer sind, jemals so dicht an einer Leiche? Natürlich sind die Leichen, die in dieser Ausstellung zu sehen sind, keine hygienische Bedrohung. Die Präparate sind trocken, geruchsfrei und haben eine plastikähnliche Festigkeit. *Körperwelten* bedient anscheinend die Gier nach extremen Bildern und das gleichzeitige Bedürfnis nach Sterilität, nach glatten Hochglanzbildern, wenn auch in diesem Falle zum Anfassen. „Würden die plastinierten Toten, die uns der Pathologe Gunther von Hagens in seinen *Körperwelten* präsentiert, noch irgend etwas von den Leiden, von der Todesangst, von der Trauer oder überhaupt den Gefühlen, die einmal in ihnen waren, vorstellbar machen – die Ausstellung wäre wohl unerträglich. So aber sind die mit ausgedörrten Brüsten, Hoden, Muskeln dem Voyeurismus Preisgegebenen nichts als namenlos Entseelte: ohne Gesicht, ohne Geschichte, der Menschenrest eine mit skulpturalem Ehrgeiz betriebene Installation."[197]

Und genau diese Installation hat den Tod in die sterile Welt der Hochglanzbilder transportiert. Auf dem Wagen von Hagens auf der Love Parade in Berlin im Sommer 2001 befanden sich Tänzer und Tänzerinnen, die hautenge Kleidung trugen, auf der menschliche Organe wie Gedärme, Magen, Leber oder andere Innereien aufgemalt waren. Sie muteten an wie lebendig gewordene Plastinate oder

---

[196] Vgl. hierzu: Benjamin: Das Kunstwerk, S. 35.

[197] Peter von Becker in: Der Tagesspiegel vom 13.März 2001.

tanzende Tote. Der Eindruck, daß die Totentänze wieder aufleben, ließ bei diesem Anblick nicht lange auf sich warten. In einer der extremsten Formen des Körperkultes, der bilderverachtenden Bilder und dem vorläufigen Gipfel der „Spaßgesellschaft", hatte der Tod sich einen Weg gebahnt; hoch über den Tänzern auf einem Wagen war der Totentanz wieder da. Von Hagens sagte sehr treffend: „Die Exponate dieser Ausstellung faszinieren vor allem durch ihre Echtheit, ähnlich wie Mumien."[198] Der Tod hoch über der Menge hatte auch Ähnlichkeit mit Ensors Bild *Triumph des Todes*, in dem der Sensenmann über der Menschenmenge schwebt.

An diesem Beispiel zeigt sich deutlich, daß sich der Tod gar nicht ins Abseits drängen läßt; er findet einen Weg, sich zu zeigen. Wir können ihn nicht verbannen und erfolgreich wegdrängen. In unserer Gesellschaft der Bilder wird er immer wieder in Bildern auftauchen. Kein Medium ist frei vom Tod.

---

[198] Von Hagens, zitiert aus dem Prospekt zu der Ausstellung Körperwelten.

5.2.2. Saturday Disaster und Lady Diana: das Ritual

Das Kapitel Love Parade und Körperwelten hat aufgezeigt, daß Photographie und Fernsehbilder, die Medien des 20. Jahrhunderts, den verdrängt geglaubten Tod in die private Welt der Menschen transportieren. Das gleiche gilt für die beiden folgenden Beispiele, Saturday Disaster von Andy Warhol und den Tod von Lady Diana.

Ein Photo eines Autounfalls aus einer Zeitung, wie es jeder täglich sehen kann, ist Grundlage von Warhols Bild Saturday Disaster. Inzwischen gewöhnliche Katastrophenbilder, die uns zwar den Tod ins Wohnzimmer, aber nicht unbedingt ins Bewußtsein bringen, bekommen in Warhols gesamter Death-and-Disaster-Serie eine neue Wirkung. Die beklemmende Deutlichkeit des Gezeigten, wenn man nach mehrmaligem Hinsehen mit einem Schreckmoment begreift, was man eigentlich betrachtet, macht den Tod für einige Augenblicke ausschließlich präsent; ohne die Möglichkeit des Weiterblätterns, um die nächste Seite der Zeitung zu überfliegen. Und es verbindet die Lebenden für kurze Zeit zu einer Gemeinschaft dadurch, daß sie verschont geblieben sind. Das Photo transportiert das Bild des Todes, das daraus geschaffene Kunstwerk läßt es ins Bewußtsein vordringen.

Der Tod des prominenten Mitglieds der englischen Königsfamilie, Lady Diana, löste eine einzige große Bilderflut aus. Bilder des Autowracks, in dem sie den Tod fand, Bilder der Trauerfeier, Bilder von Reaktionen von Menschen auf ihren Tod und Bilder der Beerdigung wurden tagelang im Fernsehen übertragen, und zwar weltweit. Ganze Länder weinten vor dem Fernseher. Niemand der Weinenden kannte Lady Diana persönlich. Aber darum ging es auch gar nicht. Ihr Tod stand für etwas anderes: für den Tod, den alle fürchten, weil anscheinend kein Ritual uns mehr auffängt, wenn der Tod in unser Leben tritt. Und mit diesen Bildern, von denen man wußte, daß enorm viele Menschen sie sehen, wurde ein Ritual initiiert: gemeinsame Trauer, Sprechen über den Verstorbenen. Und vor allem wußten alle Bescheid. Niemand mußte verweinte Augen erklären oder gar verbergen, wie es sonst üblich ist in einer Gesellschaft, in der Trauer außerhalb des ganz privaten Rahmens als unschicklich gilt. Man tauschte aus, daß man bei der Rede des Bruders von Lady Diana geweint habe, und man erzählte sich von der Ungläubigkeit, die sich breitmachte, als man es zum ersten Mal im Radio gehört hatte. All das hatte etwas Verbindendes, das sonst für den Umgang mit dem Tod nicht mehr bereitsteht. Bilder sind Helfer beim Transport des Todes, und Bilder, gerade Alltagsbilder, machen den Tod, den ausgeklammerten, für uns sichtbar. Sie sind unser Ritual geworden.

Ein weiterer Punkt ist die Tatsache, daß Bilder nicht nur den Tod transportieren, sondern daß der Tod die Produktion von Bildern hervorruft. Warhol hat ein Kunstwerk aus einem Todesbild gemacht, Lady Dianas Tod rief eine Flut von Photos und Fernsehbildern hervor.

5.2.3. Das World Trade Center – Bilder zeigen den Tod, der Tod produziert Bilder

Dieses Nebeneinander der beiden vorherigen Beispiele – die Produktion einer Flut von Alltagsbildern und die Produktion von Kunstwerken – findet seine Verbindung in einem neueren Beispiel: der Zerstörung des World Trade Center. Der Terrorakt, bei dem zwei Passagierflugzeuge von Kamikazepiloten gesteuert in die Zwillingstürme des World Trade Center rasten, zerstörte die Gebäude vollständig und brachte circa 6000 Menschen den Tod. Dieses Ereignis vom 11. September 2001 beherrschte einige Wochen die Bilder der Medien. Fernsehsender unterbrachen ihr Programm und berichteten ohne Unterlaß über das Geschehen in New York. Die Berichterstattung wurde als so vorrangig eingestuft, daß die Werbepausen wegfielen. Die Berliner Tageszeitung *Der Tagesspiegel* verzichtete am Tag nach dem Anschlag auf ihren üblichen Kulturteil und ersetzte ihn durch Berichte über die Lage vor Ort in New York. Der Tod hat hier die Bilder verändert; ein Programm ohne Werbepausen, ohne verschiedene Sendungen und Spielfilme, das den ganzen Tag andauert und ohne festen Endpunkt gesendet wird, hat es schon lange nicht mehr gegeben.

Interessant ist auch die Auslese der Bilder. Beherrschend in den Wochen nach dem Anschlag waren eindeutig die Bilder der Zwillingstürme des World Trade Center: die Türme, wie gerade einer von beiden von einem Flugzeug gerammt wird, während der andere bereits brennt; die Türme, wie sie brennen; die Türme, als sie einstürzen; die rauchenden Trümmerhaufen beider Türme. Auch das Pentagon wurde von einem Kamikazeflugzeug getroffen, auch davon waren Bilder zu sehen, aber die wurden bald von den Bildern der World Trade Center-Türme in den Hintergrund gedrängt. Das Bild des zerstörten World Trade Center ist das Bild für diesen Terrorakt geworden. Der Terrorakt wird in den Bildern der Trümmer der Zwillingstürme symbolisiert. Jeder erkennt sofort, worum es sich handelt; ob auch jeder ein Bild vom teilweise zerstörten Pentagon erkennen und einordnen könnte, darf bezweifelt werden.

Die Bilder bestimmen, was dieser Anschlag war. Das zivile Ziel, die 6000 Zivilisten, die an diesem Tag den Tod fanden, das sind die Dinge, die Interesse wecken in unserer Kultur der Katastrophen. Der

Tod ist etwas Persönliches; wenn Menschen wie jeder andere auch, also Zivilisten, einen gewaltsamen Tod sterben und wenn sie in einem Gebäude sterben, in dem auch jeder andere Zivilist sich theoretisch zufällig hätte aufhalten können, dann ist das ein Umstand, der die Menschen interessiert. Er interessiert sie deshalb, weil sie sich vorstellen können, daß es auch sie oder ihre Angehörigen hätte treffen können. Der Schreck, wie nah der Tod sein kann, ohne daß man es ahnt, ohne daß eine Krankheit im Spiel ist, wird durch diese Bilder transportiert. Man hat auf den Bildern, die in den ersten Tagen nach dem Anschlag zu sehen waren, keine toten Menschen gesehen. Die Bilder zeigten Trümmer, Feuerwehrmänner im Einsatz, Qualm, weinende und verletzte Menschen. Trotzdem waren es Bilder des Todes; die die Bilder begleitenden Kommentare machten sie dazu. Im Grunde unterschieden sie sich nicht von den Bildern, die wir aus Hollywood-Spielfilmen mit riesigen Feuerbällen nach Explosionen und verzweifelten Menschen nach Katastrophen kennen.

Die Todesbilder aus New York haben auch gewaltigen Einfluß auf andere Bilder. Der Musikkanal VIVA setzte sein Programm für zwei oder drei Tage ganz aus; der Kanal, der von schnell wechselnden, bunten Bildern und Werbung lebt, präsentierte einen schwarzen Bildschirm, an dessen unterem Rand eine Schriftzeile lief, die erklärte, daß man aus Respekt vor den Ereignissen sein aktuelles Programm unterbreche. Auch andere Bilder wurden ganz weggedrängt. Zum Beispiel wurde die neue Hollywood-Produktion *Spider Man*, die einige Tage nach den Anschlägen in den Kinos anlaufen sollte, vom Verleih wieder zurückgezogen, weil eine Szene des Showdowns die beiden Türme des World Trade Center zeigt, zwischen denen ein überdimensionales Spinnennetz gespannt ist, in dem sich die Widersacher Spidermans verfangen. Der Film *Bad Company* sollte am ersten Weihnachtsfeiertag in amerikanischen Kinos anlaufen. Ein afghanischer Terrorist sagt in diesem Film zu seinem Gegenspieler vom CIA: „Euer Land hat die Welt hunderte von Jahren vergiftet. Alles im Namen des Geldes. Das ist die amerikanische Art. Für Geld macht ihr alles. Wollen wir mal sehen, wie weit ihr mit eurem Dollar kommt, wenn ich die Wall Street in einen großen Haufen Kohle verwandle."[199] Der Starttermin dieses Filmes wurde ebenfalls auf unbestimmte Zeit verschoben. Disney verschob den Dreh von Tim Allens

---

[199] Zitiert nach: Filmzeitschrift CINEMA, November 2001, S. 29.

Big Trouble, eine schwarze Komödie über einen Bombenkoffer, der an Bord eines Flugzeuges gelangt; Columbia unterbrach die Dreharbeiten von *Men in Black 2*, dessen Finale vor dem Hintergrund des World Trade Center spielen sollte; und rotes Licht erhielten auch *Lockerbie*, der die Aufklärung des PanAm-Absturzes über dem schottischen Ort Lockerbie am 21. Dezember 1988 zum Inhalt hat, und *Tick-Tock*, ein Film über eine Serie von Bombenanschlägen in Los Angeles.[200] Ohne den Anschlag von New York wären diese Bilder in den Lichtspielhäusern zu sehen gewesen.

Bilder bestimmen Bilder. Programmgestalter löschen digital die Umrisse des World Trade Center aus den Schwenks über die Skyline in ihren Serien *Sex and the City, Law and Order* und *Friends*.[201] Hollywood-Autoren des Action-Kinos haben in ihrer Phantasie die Zerstörung so oft vorweggenommen, daß sich Experten des US - Verteidigungsministeriums mit mehreren Filmemachern und Drehbuchautoren über mögliche Ziele neuer terroristischer Angriffe beraten haben.[202] Die Welt denkt in Bildern, also sollen die Bildermacher voraussagen, welche neuen, schrecklichen Bilder, die bisher als Phantasie zur Unterhaltung bestimmt waren, jetzt als mögliche Realität auftauchen könnten.

Die Ereignisse des 11. September, die in uns in Bildern erreicht haben, haben nicht nur bestimmte Bilder „verboten", sondern auch andere hervorgerufen. Am 24. September 2001 zeigte das Titelbild des Magazins *Jetzt* der Süddeutschen Zeitung zwei aus vielen Plus-Zeichen bestehende Quadrate. Neben dem einen stand in roten Ziffern „08.45", neben dem anderen, ebenfalls in roten Ziffern „09.03". Mit dem Hintergrundwissen über die jüngsten Ereignisse

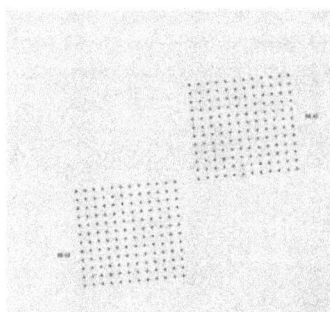

Titelbild des Magazins „Jetzt!"
(Abb. 9)

---

[200] Filmzeitschrift CINEMA, November 2001.

[201] Filmzeitschrift CINEMA, November 2001.

[202] Meldung in: Der Tagesspiegel vom 11.Oktober 2001.

wurden diese scheinbar willkürlich angeordneten Zeichen zu den Zwillingstürmen des World Trade Center von oben mit der exakten Zeit der Einschläge der beiden Flugzeuge. Die Additionszeichen verwandeln sich in Grabkreuze. Auch die Gefahr des Todes durch die nach den Anschlägen bekannt gewordene Bedrohung durch Milzbrandbakterien, in Amerika als Anthrax bezeichnet, hat Bilder entstehen lassen. So ist im Internet die veränderte Front einer Pak-kung *Uncle Ben's Reis* zu finden. Jemand hat das Gesicht des freundlichen Schwarzen, Uncle Ben, durch das Gesicht des seit den Anschlägen meistgesuchten Mannes der Welt, Osama Bin Laden, ersetzt. Auch der Text wurde verändert: Die Marke umgetauft in *Uncle Bin's*, und die Inhaltsbezeichnung wurde ersetzt durch „Instant Anthrax – ready in five minutes".

Die genannten Beispiele zeigen auf, daß der Tod sich in Bildern, vor allem in den Alltagsbildern der Massenmedien, sichtbar macht und nicht zu verdrängen ist. Die Beschäftigung mit dem Tod ist allgegenwärtig, was die durch den Tod inspirierten Bilder, wie Saturday Disaster oder das Titelbild von Jetzt! belegen. Im folgenden Kapitel wird ausblickartig beleuchtet, wie die so verschiedenen Bilder wie Alltagsbilder und Kunstwerke additiv anstatt alternativ behandelt werden können und was für ein Nutzten uns daraus entstehen könnte, wenn man sich auf dem Hintergrund der Ästhetik mit dem Phänomenen der beiden Erscheinungsformen des Bildes auseinandersetzt.

6. Ausblick

Je weiter die Menschheit fortschreitet, desto kleinteiliger werden die Aufgabenfelder; und diese Aufgabenfelder werden um so unüberschaubarer für Außenstehende, die diese Aufgaben nicht bearbeiten und beherrschen. Die „Wilden", die Baudrillard beschrieben hat (Kap. 3.2.), waren bei der Initialisierung der Heranwachsenden alle zugegen. In der heutigen Gesellschaft gibt es unendlich vielfältige Prozesse, bei deren Vonstattengehen nur ein kleinster Teil von Spezialisten zugegen ist, nämlich die, die etwas von genau dem Prozeß verstehen. Man denke an die Bestattungsunternehmer, Mediziner und Biologen, wenn es um den Tod geht. Dieser Umstand separiert die Gemeinschaft in viele kleine Untergruppen, die miteinander nichts zu tun haben und nichts zu tun haben können, da sie verschiedenen Gesetzen gehorchen und einander nichts zu sagen haben, geschweige denn, etwas untereinander auszutauschen hätten. „Denn der Zustand höchster Entwicklung ist per definitionem arm an Möglichkeiten aktiver Beteiligung und strikt in seiner Forderung nach Spezialisierung und Aufteilung an jene, die ihn unter Kontrolle halten wollen."[203] Dieser Umstand und ein fehlendes allgemeingültiges Todesbild erlauben keine gemeinsamen Rituale.

Das hat zwei Dinge zur Folge: Der Einzelne hat keine Möglichkeit der aktiven Beteiligung, und die fehlenden Rituale ziehen eine Suche nach Sinn nach sich. Hier kommen die Bilder ins Spiel. Die Unterschiede von Alltagsbildern und Kunstbildern und beider Zusammenhang mit dem Tod wurden bereits deutlich gemacht. Außerdem wurde das rituelle Potential der Alltagsbilder in den Massenmedien gezeigt. Die Möglichkeiten und Betrachtungsweisen der Alltagsbilder sind deutlich geworden. Nun soll anhand des Textes *Bildbeschreibung* von Heiner Müller und eines Ausspruchs von Picasso exemplarisch dargelegt werden, welche Möglichkeiten Kunstbildern und der kontemplativen Versenkung innewohnen.

---

[203] Mc Luhan: Die magischen Kanäle, S. 55.

6.1. „Bildbeschreibung" und Picasso

Über die Landschaft, die Heiner Müller in seiner *Bildbeschreibung* beschreibt, sagt er selbst: „Der Text beschreibt eine Landschaft jenseits des Todes".[204] Es scheint sich um ein imaginäres Bild zu handeln. Trotz der Definition von Bild in Kapitel 4.2., in dem deutlich gemacht wurde, daß es sich bei den in dieser Arbeit herangezogenen Bildern um materielle Bilder handeln soll, mag die imaginäre Landschaft in Müllers *Bildbeschreibung* dennoch geeignet sein, als Beispiel zu dienen. Der Bildbeschreibung liegt ein klar abgegrenztes und real vorstellbares Bild zugrunde, das sich in die Definition von Bild, die aufgestellt wurde, einfügt, obwohl es nirgends erscheint außer im Kopf des Lesers. Natürlich unterteilen sich die Möglichkeiten des Zuhörers: Er kann dem Betrachter des Bildes aus diesem Text bei seiner Betrachtung folgen, oder er kann sich dieses Bild anhand der Beschreibung, die der Betrachter im Text liefert, selber vorstellen. Damit ginge er natürlich einen anderen Weg als der Betrachter im Text. In den folgenden Beobachtungen werden nur die Effekte berücksichtigt, die das Bild auf den gegebenen Betrachter hat. Die Spannung wird dadurch erhöht, daß es sich sozusagen um ein abwesendes Bild handelt, oder sogar um eines, das nie anwesend war. Indem der Text von einem Bild spricht, das es vielleicht gar nicht gibt, wird das Spiel von Schein und Sein, das Bildern ohnehin innewohnt, auf die Spitze getrieben.

Die wichtigen Merkmale der kontemplativen Betrachtung eines Bildes, Möglichkeitssinn, Identitätsfindung und Grenzüberwindung kommen in dieser Bildbeschreibung vor. Schon während der Beschreibung der Landschaft werden Details als verschieden interpretierbar beschrieben. Früchte in einem Glaspokal werden als „augenscheinlich eßbar, oder geeignet, Gäste zu vergiften" geschildert. Über den Mann in dem Bild werden ebenfalls verschiedene Annahmen gemacht: „vielleicht ist er blind, sein Lächeln die Vorsicht des Blinden (...) sein Lächeln das Lächeln des Mörders". Der Möglichkeitssinn zieht sich durch die gesamte Bildbeschreibung.

---

[204] Müller, Heiner: Bildbeschreibung. In: ders.: Werke 2. Die Prosa, hrsg. von Frank Hörnigk, Frankfurt am Main, 1999, S. 112–119, hier S. 119. Der vollständige Text *Bildbeschreibung* findet sich im Anhang (S. 102).

Das mögliche Geschehen, das zu der im Bild festgehaltenen Situation geführt hat oder das von der Situation ausgehend weiter passieren wird, wird von Müller imaginiert. Der Mann als Mörder tötet vielleicht die Frau, was das Vorhandensein von Blut, wenn es denn Blut ist, erklären könnte, „oder wird es die Frau sein, der durstige Engel, der dem Vogel die Kehle aufbeißt und sein Blut aus dem offenen Hals in das Glas gießt". Das Gras, das in dieser Landschaft wächst, ist verbrannt. Erneut taucht der Möglichkeitssinn auf: „Die SONNE, vielleicht eine Vielzahl von SONNEN, verbrennt es." Nach sechs Seiten Bildbeschreibung mit einer Fülle von angebotenen Möglichkeiten tauchen die bezeichnenden Worte „oder alles ist anders" auf. Selbst nach so vielen Möglichkeiten gibt es noch mindestens eine weitere und womöglich gänzlich konträre. Alles bleibt dadurch in Bewegung, bildet ein Spiel der Sinne. Ein Infragestellen dessen, was man zu sehen glaubt, und die Verkehrung gewöhnlicher Regeln treten zutage: „das Messer ist die Wunde, der Nacken das Beil."

Das Ich, die Identität kommt ins Spiel, wenn plötzlich, mitten in einer Beschreibung oder Vermutung über das Bild, der Beschreibende auftaucht. Die Worte „ICH HABE DIR GESAGT DU SOLLST NICHT WIEDERKOMMEN TOT IST TOT" gehören nicht zu der Landschaft, sind auch nicht eindeutig dem Mann oder der Frau in dem Bild in den Mund gelegt worden, sondern stammen wahrscheinlich vom Betrachter. Interaktion und Subjektbezug treten auf. Die Identitätsfindung, vielleicht auch nur die mögliche Identitätsstiftung taucht am Schluß des Textes sozusagen als Ergebnis beziehungsweise als Frage auf: „wer ODER WAS fragt nach dem Bild, IM SPIEGEL WOHNEN, ist der Mann mit dem Tanzschritt ICH, mein Grab sein Gesicht, ICH die Frau mit der Wunde am Hals, rechts und links in Händen den geteilten Vogel, Blut am Mund, ICH der Vogel, der mit der Schrift seines Schnabels dem Mörder den Weg in die Nacht zeigt, ICH der gefrorene Sturm."[205]

Kontemplative Versenkung birgt all die erörterten Möglichkeiten und hat noch einen weiteren Effekt: Grenzen lösen sich auf. Zum einen verschwinden die körperlichen Grenzen, sowohl die räumlichen als

---

[205] Alle Zitate in Abschnitt 6.1. stammen, sofern nicht anders angegeben, aus: Müller, Heiner: Bildbeschreibung. In: ders. Werke 2. Die Prosa, hrsg. von Frank Hörnigk, Frankfurt am Main, 1999, S. 112–119.

auch die, die dem Körper durch Hunger, Durst oder Müdigkeit gesetzt sind. Zum anderen lösen sich die zeitlichen Grenzen auf. Im
kontemplativen Akt ist das Gespür für Zeit ein völlig anderes. Stunden können einem sehr kurz erscheinen, Minuten können sich sehr
lang anfühlen. Es wird hier vom kontemplativen Akt gesprochen,
weil sowohl die Seite des Rezipienten als auch die des Schaffenden
gemeint ist. Ein Beispiel für die Auflösung körperlicher und zeitlicher
Grenzen während eines Schaffensprozesses ist in einem Buch über
das Leben des Malers Pablo Picasso zu finden: „Picasso arbeitete
von zwei Uhr nachmittags bis elf Uhr abends, ohne daß er eine Pause machte, um etwas zu essen. Er stand drei bis vier Stunden
ununterbrochen vor der Leinwand. Ich fragte ihn, ob es ihn nicht er-
müde, so lange auf einem Fleck zu stehen. 'Nein', sagte er. 'Deshalb leben die Maler ja so lange. Während ich male, lasse ich meinen Körper draußen vor der Tür wie die Moslems ihre Schuhe vor
der Moschee'."[206]

---

[206] Gilot, Françoise; Lake, Carlton: Leben mit Picasso. München, 1980, S. 97.

6.2. *Der Nutzen der Bilder*

An Alltagsbildern war im Laufe der Arbeit festzumachen, daß sie den Tod transportieren, durchaus in rituell anmutender Art und Weise. So weggeschlossen, wie immer behauptet, ist der Tod nicht, weil er sich an verschiedensten Stellen sichtbar macht. Desweiteren bieten Bilder, vor allem und gerade Kunstbilder, die Möglichkeit, die Welt zu erblicken und eine Wahrheit herauszulesen. Im eingeschränkten Alleingelassensein mit dem Tod und der Trauer, können sie einen Sinn für neue, nicht gekannte Möglichkeiten eröffnen. Das heißt vor allem, daß sie die Erkenntnis vermitteln können, daß außer den bislang bekannten Fakten der Welt, wie jemand sie kennt, immer weitere Möglichkeiten denkbar sind. Bilder können die Ahnung wecken, daß es mehr Möglichkeiten und Varianten als die bislang bekannten gibt, auch wenn diese gerade nicht zugänglich oder vorhanden zu sein scheinen.

Eine dieser Möglichkeiten ist, die Welt anders zu sehen als bislang. Die zweite ist, sich selber anders zu sehen oder sich selber zu erweitern, in Frage zu stellen und dadurch erneut zu entfalten. Und daraus resultiert eines der wichtigsten Angebote der Kunst: das Aufspüren der eigenen Antriebsbasis. Die Kraft, der Welt zu begegnen, kommt genau von da, wo die Motivation sitzt. Wenn sie nicht aufgedeckt wird, kann sie nicht genutzt werden.

Kunst kann keine Rituale ersetzen, sie ist nicht in der Lage, ein Angebot für eine kollektive Symbolisierung des Todes zu machen, wie es noch die Totentänze oder der Typus des „transi" tun konnten.[207] Dazu ist ihre Reichweite eine zu geringe. Obwohl ein Kunstwerk reproduzierbar ist, was die Reichweite enorm erhöht, verliert es im Moment seiner Reproduziertheit seinen Kunstcharakter, seine einmalige Aura. „Denn die Aura ist an sein Hier und Jetzt gebunden. Es gibt kein Abbild von ihr."[208] Kunst kann also keine Rituale ersetzen, zeigt aber zum einen den Künstler, der sich über Tabus hinwegsetzt. „Die Geschichte der Kultur im 19. Jh. zeigt uns Menschen, die ihren Glauben an die eigenen expressiven Fähigkeiten immer mehr verloren und die den Künstler gerade

---

[207] Richard: Todesbilder, S. 281.

[208] Benjamin: Das Kunstwerk, S. 25.

verloren und die den Künstler gerade deshalb zu einem besonderen
Wesen erhoben, weil er etwas zu leisten vermochte, was ihnen im
Alltag immer weniger gelang: die eigenen Empfindungen in der Öffentlichkeit deutlich und ungehemmt zum Austruck zu bringen."[209]
Kunst zeigt also eine Möglichkeit auf, sich über herrschende Tabus
hinwegzusetzen, die in Bezug auf den Tod zum Beispiel heißen: keine Trauer in der Öffentlichkeit, festgelegte Trauerzeiten, die als
schicklich gelten, kein Umgang mit dem toten Körper, kein Sprechen
über Verfall und Ekel. Die Bilder, die den so zurückgedrängten Tod
wieder transportieren – die Bilder der Massenmedien –, können zum
anderen von der Kunst aus ihrem massenmedialen Kontext heraus-
gelöst werden und so einen Stop bewirken, der die Bilder, unsere
Rituale, wirklich sichtbar macht. Und sichtbar heißt hier, daß die
inszenierten Bilder den Betrachter zwingen, anzuhalten und in ihre
Zeit einzutreten wie in Kapitel 4.2.3. beschrieben.

Wenn die Kunst nicht das Ritual ersetzen kann, so kann sie aber
vielleicht bewirken, daß in der vereinzelten Gesellschaft wenigstens
diesem kleinsten Teil, dem Individuum, Spielräume eröffnet werden
und daß durch andere Weltsichten das Aufbrechen der einengen-
den Welt gefördert wird; denn laut Adorno geht das Kunstwerk gegen versteinerte Lebensverhältnisse an. Wie in der Bildbeschreibung deutlich geworden verweist die kontemplative Betrachtung von
Kunstwerken auf eine vielfach lesbare Wirklichkeit. Die Wirklichkeit
wird dadurch mit Alternativen konfrontiert; und die Inspiration dazu
ist nicht der Wirklichkeit, sondern der Kunst zu entnehmen. Die
Kunst hat die Funktion, die jedermann geläufige Realität mit einer
anderen Version derselben Realität zu konfrontieren.

Die Richtung des Menschen zu sich selbst hängt unbedingt damit
zusammen, daß er in ständigen Prozessen eine Identität entwickeln
kann, von der aus er der Welt begegnen kann, zu der immer der
Tod gehören wird. Und in diese Richtung kann er nur sich selbst
schicken, indem er seine Antriebsbasis zu nutzen weiß. Eine wichti-
ge Aufgabe der Pädagogik ist es auch, die Motivation freizulegen,
damit von der Motivation ausgehend, die bei jedem anders gelagert
ist, eine Richtung zur Identität eingeschlagen werden kann. Für den
Umgang mit dem Tod sollten deshalb die Medien den Tod sichtbar

---

[209]   Richard Senett zitiert nach Richard: Todesbilder, S. 275.

machen und transportieren, damit die kontemplative Kraft, sei sie durch eigenes Schaffen oder durch Rezipieren hervorgerufen, einen Ausweg aus der Hilflosigkeit dem Tod gegenüber eröffnen möge.

Anhang

BILDBESCHREIBUNG

Eine Landschaft zwischen Steppe und Savanne, der Himmel preußisch blau, zwei riesige Wolken schwimmen darin, wie von Drahtskeletten zusammengehalten, jedenfalls von unbekannter Bauart, die linke größere könnte ein Gummitier aus einem Vergnügungspark sein, das sich von seiner Leine losgerissen hat, oder ein Stück Antarktis auf dem Heimflug, am Horizont ein flaches Gebirge, rechts in der Landschaft ein Baum, bei genauerem Hinsehn sind es drei verschieden hohe Bäume, pilzförmig, Stamm neben Stamm, vielleicht aus einer Wurzel, das Haus im Vordergrund mehr Industrieprodukt als Handwerk, wahrscheinlich Beton: ein Fenster, eine Tür, das Dach verdeckt vom Laubwerk des Baumes, der vor dem Haus steht, es überwachsend, er gehört einer andern Spezies an als die Baumgruppe im Hintergrund, sein Obst ist augenscheinlich eßbar, oder geeignet, Gäste zu vergiften, ein Glaspokal auf einem Gartentisch, halb noch im Schatten der Baumkrone, hält sechs oder sieben Exemplare der zitronenähnlichen Frucht bereit, aus der Position des Tisches, ein grobes Stück Handarbeit, die gekreuzten Beine sind unbehauene junge Birkenstämme, kann geschlossen werden, daß die Sonne, oder was immer Licht auf diese Gegend wirft, im Augenblick des Bildes im Zenith steht, vielleicht steht DIE SONNE dort immer und IN EWIGKEIT: daß sie sich bewegt, ist aus dem Bild nicht zu beweisen, auch die Wolken, wenn es Wolken sind, schwimmen vielleicht auf der Stelle, das Drahtskelett ihre Befestigung an einem fleckig blauen Brett mit der willkürlichen Bezeichnung HIMMEL, auf einem Baumast sitzt ein Vogel, das Laub verbirgt seine Identität, es kann ein Geier sein oder ein Pfau oder ein Geier mit Pfauenkopf, Blick und Schnabel gegen eine Frau gerichtet, von der die rechte Bildhälfte beherrscht wird, ihr Kopf teilt den Gebirgszug, das Gesicht ist sanft, sehr jung, die Nase überlang, mit einer Schwellung an der Wurzel, vielleicht von einem Faustschlag, der Blick auf den Boden gerichtet, als ob er ein Bild nicht vergessen kann und oder ein andres nicht sehen will, das Haar lang und strähnig, blond oder weißgrau, das harte Licht macht keinen Unterschied, die Kleidung ein löchriger Fellmantel, geschnitten für breitere Schultern, über einem fadenscheinig dünnen Hemd, wahrscheinlich aus Leinen, aus dem an einer Stelle ausgefransten zu weiten rechten Ärmel hebt ein gebrechlicher Unterarm eine Hand auf die Höhe des Herzens bzw. der linken Brust, eine Geste der Abwehr oder aus der Sprache der Taubstummen, die Abwehr gilt einem bekannten Schrecken, der Schlag Stoß Stich ist geschehn, der Schuß gefallen, die Wunde blutet nicht mehr, die Wiederholung trifft ins Leere, wo die Furcht keinen Platz hat, das Gesicht der Frau wird lesbar, wenn die zweite Annahme stimmt, ein Rattengesicht, ein Engel der Nagetiere, die Kiefer mahlen Wortleichen und Sprachmüll, der linke Mantelärmel hängt in Fetzen wie nach einem Unfall oder Überfall von etwas Reißendem, Tier oder Maschine, merkwürdig, daß der Arm nicht verletzt worden ist, oder sind die braunen Flecken auf dem Ärmel geronnenes Blut, gilt die Geste der langfingrigen rechten Hand einem Schmerz in linken Schulter, hängt der Arm so schlaff im Ärmel, weil er gebrochen ist, oder durch eine Fleischwunde gelähmt, der Arm ist am Handansatz vom Bildrand abgeschnitten, die Hand kann eine Klaue sein, ein (vielleicht blutverkrusteter) Stumpf oder ein Haken, die Frau steht bis über die Knie im Nichts, amputiert vom Bildrand, oder wächst sie aus dem Boden wie der Mann aus dem Haus tritt und verschwindet darin wie der Mann im Haus, bis die eine unaufhörliche Bewegung einsetzt, die den Rahmen sprengt, der Flug, das Triebwerk der Wurzeln Erdbrocken und Grundwasser regnend, sichtbar zwischen Blick und Blick, wenn das Auge ALLES GESEHN sich blinzelnd über dem Bild schließt, zwischen Baum und Frau weit offen das große einzige Fenster, die Gardine weht heraus, der Sturm scheint aus dem Haus zu kommen, in den Bäumen keine Spur von Wind, oder zieht die Frau den Sturm an, oder ruft ihn hervor mit ihrer Erscheinung, der auf sie gewartet hat in der Asche des Kamins, wer oder was ist verbrannt worden, ein Kind, eine andere Frau, ein Geliebter, oder ist die Asche ihr eigner wirklicher Rest, der Leib geborgt aus dem Fundus der Friedhöfe, der Mann in der Türöffnung, den rechten Fuß halb noch auf der Schwelle, den linken schon fest auf dem braunen grasfleckigen Boden, der von einer unbekannten Sonne ausgedörrt wird, hält in der rechten Hand am gestreckten Arm mit einem Jägergriff, da wo man den Flügel ausreißt, einen Vogel, die linke Hand, die mit überlangen krumm flatternden Fingern ausgestattet ist, streichelt das Gefieder, das die Todesangst gesträubt hat, der Schnabel des Vogels ist aufgerissen zu einem für den Betrachter lautlosen Schrei, stumm auch für den Vogel im Baum, er interessiert sich nicht für Vögel, das Skelett seines Artgenossen an der schwarzgeäderten Innenwand, durch das Fensterviereck sichtbar, das er von seinem Platz im Baum nicht sehen kann, hätte für ihn keine Botschaft, der Mann lächelt, sein Schritt ist beschwingt, ein Tanzschritt, nicht auszumachen, ob er die Frau schon gesehn hat, vielleicht ist er blind, sein Lächeln die Vorsicht des Blinden, er sieht mit den Füßen, jeder Stein, an den sein Fuß stößt, lacht über ihn, oder das Lächeln des Mörders, der an die Arbeit geht, was wird geschehn an dem kreuzbeinigen Tisch mit dem vollen Fruchtpokal und dem umgestürzten zerbrochenen Weinglas, in dem noch der Rest einer schwarzen Flüssigkeit schwabbt, die auf dem Tisch und über den Rand tropfend breiter auf dem Boden unter dem Tisch in Lachen sich ausbreitet, der hochlehnige Stuhl davor hat eine Besonderheit: seine vier Beine sind in halber Höhe mit einem Draht verbunden, wie um zu verhindern, daß er zusammenbricht, ein zweiter Stuhl liegt weggeworfen rechts hinter dem Baum, die Lehne abgebrochen, der Drahtschutz nur ein Z, kein Viereck, vielleicht ein früher Versuch der Befestigung, welche Last hat den Stuhl zerbrochen, den andern unfest gemacht, ein Mord vielleicht, oder ein wilder Geschlechtsakt, oder beides in einem, der Mann auf dem Stuhl, die Frau über ihm, sein Glied in ihrer Scheide, die Frau noch beschwert vom Gewicht der Graberde, aus der sie sich herausgearbeitet hat, um den Mann zu besuchen, des Grundwassers, von dem ihr Fellmantel trieft, ihre Bewegung ein sanftes Schaukeln zuerst, dann ein zunehmend heftiges Reiten, bis der Orgasmus den Rücken des Mannes gegen die Stuhllehne drückt, die krachend nachgibt, den Rücken der Frau gegen die Kante des Tisches, das Weinglas umstürzend, der mit Früchten beschwerte Pokal kommt ins Rutschen und, wenn die Frau sich nach vorn wirft, ihre Arme den

Mann umklammern, seine Arme unter dem Fellmantel sie, er sich in ihrem, sie sich in seinem Hals verbeißt, mit dem Tisch knapp vor dem Rand wieder zum Stehn, oder die Frau auf dem Stuhl, der Mann hinter ihr stehend, seine Hände Daumen an Daumen um ihren Hals gelegt, wie im Spiel zuerst, nur die Mittelfinger berühren sich, dann, wenn die Frau sich gegen die Stuhllehne bäumt, ihre Fingernägel in seine Armmuskeln krallt, ihre Hals- und Stirnadern hervortreten, ihr Kopf sich mit Blut füllt, das Gesicht blaurot einfärbend, ihre Beine zuckend gegen die Tischplatte schlagen, das Weinglas stürzt um, der Pokal kommt ins Rutschen, schließt der Würger den Kreis, Daumen an Daumen, Finger an Finger, bis die Hände der Frau von seinen Armen herabfallen und das leise Knacken des Kehlkopfes oder der Halswirbel das Ende der Arbeit anzeigt, vielleicht gibt unter dem wieder toten Gewicht jetzt, wenn der Mann seine Hände zurücknimmt, die Stuhllehne nach oder die Frau fällt nach vorn, mit dem blauroten Gesicht auf das Weinglas, aus dem die dunkle Flüssigkeit, Wein oder Blut, ihren Weg in den Boden sucht, oder rührt der ausgefranste Schatten am Hals der Frau unter dem Kinn von einem Messerschnitt her, die Fransen getrocknetes Blut aus der halsbreiten Wunde, schwarz mit verkrustetem Blut auch die Haarsträhnen rechts vom Gesicht, Spur des linkshändigen Mörders auf der Türschwelle, sein Messer schreibt von rechts nach links, er wird es wieder brauchen, es bauscht seinen Jackenstoff, wenn das zerbrochene Glas sich zusammensetzt aus den Scherben und die Frau an den Tisch tritt, am Hals keine Narbe, oder wird es die Frau sein, der durstige Engel, der dem Vogel die Kehle aufbeißt und sein Blut aus dem offenen Hals in das Glas gießt, die Nahrung der Toten, das Messer ist nicht für den Vogel, das Gesicht des Mannes hat bis in Augenhöhe die Farbe des Bodens, Stirn und sichtbare Hand, die andre verbirgt der Griff ins Gefieder, sind weiß wie Papier, bei der Arbeit im Freien scheint er Handschuhe zu tragen, warum im Augenblick des Bildes nicht, und etwas wie einen Hut gegen das heiße Gestirn, das die Landschaft bescheint und ihre Farben ausbleicht, was kann seine Arbeit sein, von dem vielleicht täglichen Mord an der vielleicht täglich auferstehenden Frau abgesehn, in dieser Landschaft, Tiere kommen nur als Wolken vor, mit keiner Hand zu greifen, der Vogel im Baum ist die letzte Reserve, ein Lockruf fängt ihn, überflüssig das Gras auszureißen, die SONNE, vielleicht eine Vielzahl von SONNEN verbrennt es, die Früchte des Vogelbaums sind schnell gepflückt, haben die flatternden Finger des Würgers das Stahlnetz um den flachen Gebirgszug gestrickt, aus dem nur eine papierweiße Bergkuppe noch ungeschützt herausragt, Schutz vor dem Steinschlag, der von den Wanderungen der Toten im Erdinnern ausgelöst wird, die der heimliche Pulsschlag des Planeten sind, den das Bild meint, Schutz mit einiger Aussicht auf Dauer vielleicht, wenn das Wachstum der Friedhöfe mit dem kleinen Gewicht des mutmaßlichen Mörders auf der Schwelle, des schnell verdauten Vogels im Baum, für sein Skelett hat die Wand Platz, seine Grenze erreicht hat, oder kehrt die Bewegung sich um, wenn die Toten vollzählig sind, das Gewimmel der Gräber in den Sturm der Auferstehung, der die Schlangen aus dem Berg treibt, ist die Frau mit dem heimlichen Blick und dem Mund wie ein Saugnapf eine MATA HARI der Unterwelt, Kundschafterin, die das Gelände sondiert, auf dem das Große Manöver stattfinden soll, das die ausgehungerten

Knochen mit Fleisch überzieht, das Fleisch mit Haut, von Adern durchquert, die das Blut aus dem Boden trinken, die Heimkehr der Eingeweide aus dem Nichts, oder ist der Engel hohl unter dem Kleid, weil die schrumpfende Fleischbank unter dem Boden mehr Körper nicht hergibt, ein BÖSER FINGER, der von den Toten in den Wind gehalten wird gegen die Polizei des Himmels, Vorläuferin und WINDSBRAUT, die den natürlichen Feinden der Auferstehung im Fleisch den Wind ausspannt, den sie bewohnen, er weht als Sturm in die Falle, der Pfeil der Gardine zeigt auf die Frau, auch der Mörder vielleicht nur ein Toter im Dienst, die Vernichtung der Vögel sein (geheimer) Auftrag, der lässige Tanzschritt zeigt das baldige Ende der Arbeit an, vielleicht ist die Frau schon auf dem Rückweg in den Boden, schwanger von Sturm, dem Samen der Wiedergeburt aus der Explosion, der Gebeine, Knochen und Splitter und Mark, der Vorrat an Wind markiert den Abstand der Teile, aus denen vielleicht, wenn nach der Umsiedlung der Atemluft das Erdbeben sie durch die Haut des Planeten sprengt, DAS GANZE sich zusammensetzt, die Begattung des Sterns durch seine Toten, das erste Signal die Wolken mit dem Drahtskelett, das in Wahrheit aus Nerven besteht, die den Knochen voraufgehn, bzw. aus Spinngeweben von Knochenmark, wie das Geflecht ohne sichtbare Wurzeln, das den Bungalow hinaufkriecht und den Innenraum schon bis an die Decke besetzt hat, oder das Drahtgewirr der Stühle, oder das Netz, das den Gebirgszug an den Boden nagelt, oder alles ist anders, das Stahlnetz die Laune eines nachlässigen Malstifts, der dem Gebirge die Plastik verweigert mit einer schlecht ausgeführten Schraffur, vielleicht folgt die Willkür der Komposition einem Plan, steht der Baum auf einem Tablett, die Wurzeln abgeschnitten, sind die andersartigen Bäume im Hintergrund besonders langstielige Pilze, Gewächs einer Klimazone, die Bäume nicht kennt, wie kommt der Betonklotz in die Landschaft, keine Spur von Transport oder Fahrzeug, ICH HABE DIR GESAGT DU SOLLST NICHT WIEDERKOMMEN TOT IST TOT, keine Schleifspur, aus dem Boden gestampft, vom HIMMEL gefallen, oder herabgelassen aus der nur von den Toten atembaren Luft mit einem Greifarm, der an einem festen Punkt in dem HIMMEL benannten Darüber bewegt wird, ist der Gebirgszug ein Museumsstück, Leihgabe aus einem unterirdischen Ausstellungsraum, in dem die Gebirge aufbewahrt werden, weil sie an ihrem natürlichen Ort den Tiefflug der Engel behindern, das Bild eine Versuchsanordnung, die Roheit des Entwurfs ein Ausdruck der Verachtung für die Versuchstiere Mann, Vogel, Frau, die Blutpumpe des täglichen Mords, Mann gegen Vogel und Frau, Frau gegen Vogel und Mann, Vogel gegen Frau und Mann, versorgt den Planeten mit Treibstoff, Blut die Tinte die sein papiernes Leben mit Farben beschreibt, auch sein Himmel von Bleichsucht bedroht durch die Auferstehung des Fleisches, gesucht: die Lücke im Ablauf, das Andre in der Wiederkehr des Gleichen, das Stottern im sprachlosen Text, das Loch in der Ewigkeit, der vielleicht erlösende FEHLER: zerstreuter Blick des Mörders, wenn er den Hals des Opfers auf dem Stuhl mit den Händen, mit der Schneide des Messers prüft, auf den Vogel im Baum, ins Leere der Landschaft, Zögern vor dem Schnitt, Augenschließen vor dem Blutstrahl, Lachen der Frau, das einen Blick lang den Würgegriff lockert, die Hand mit dem Messer zittern macht, Sturzflug des Vogels, vom Blinken der Schneide angelockt, Landung auf dem Schädeldach des Mannes, zwei Schnabelhiebe rechts und links, Taumel und Gebrüll des Blinden, Blut sprühend im Wirbel des Sturms, der die Frau sucht, Angst, daß der Fehler während des Blinzelns passiert, der Sehschlitz in die Zeit sich auftut zwischen Blick und Blick, die Hoffnung wohnt auf der Schneide eines mit zunehmender Aufmerksamkeit gleich Ermüdung schneller rotierenden Messers, blitzhafte Verunsicherung in der Gewißheit des Schrecklichen: der MORD ist ein Geschlechtertausch, FREMD IM EIGNEN KÖRPER, das Messer ist die Wunde, der Nacken das Beil, gehört die fehlbare Aufsicht zum Plan, an welchem Gerät ist die Linse befestigt, die dem Blick die Farben aussaugt, in welcher Augenhöhle ist die Netzhaut aufgespannt, wer ODER WAS fragt nach dem Bild, IM SPIEGEL WOHNEN, ist der Mann mit dem Tanzschritt ICH, mein Grab sein Gesicht, ICH die Frau mit der Wunde am Hals, rechts und links in Händen den geteilten Vogel, Blut am Mund, ICH der Vogel, der mit der Schrift seines Schnabels dem Mörder den Weg in die Nacht zeigt, ICH der gefrorene Sturm.

Literatur

Adorno, Theodor W.: *Minima Moralia. Reflexionen aus dem beschädigten Leben.* Frankfurt am Main, 21. Aufl., 1993 [[1]1951]

Als Mensch unter Menschen. Vincent van Gogh in seinen Briefen an den Bruder Theo (Übersetzung von Eva Schumann). Berlin, 1959, Band 2

Ariès, Philippe: *Geschichte des Todes* (Übersetzung von Hans-Horst Henschen). München, 9. Aufl., 1999 [[1]1982]

Ariés, Philippe; Duby, Georges (Hrsg.): *Geschichte des privaten Lebens. 1. Band: Vom Römischen Imperium zum Byzantinischen Reich* (Übersetzung von Holger Fliessbach), hrsg. von Paul Veyne. Frankfurt am Main, 1989

Ariés, Philippe; Duby, Georges (Hrsg.): *Geschichte des privaten Lebens. 2. Band: Vom Feudalzeitalter zur Renaissance* (Übersetzung von Holger Fliessbach), hrsg. von Georges Duby. Frankfurt am Main, 1990

Ariés, Philippe; Duby, Georges (Hrsg.): *Geschichte des privaten Lebens. 3. Band: Von der Renaissance zur* Aufklärung (Übersetzung von Holger Fliessbach), hrsg. von Philippe Ariès und Roger Chartier. Frankfurt am Main, 1991

Ariès, Philippe; Duby, Georges (Hrsg.): *Geschichte des privaten Lebens. 4. Band: Von der Revolution zum Großen Krieg* (Übersetzung von Holger Fliessbach), hrsg. von Michelle Perrot. Frankfurt am Main, 1992

Ariès, Philippe; Duby, Georges (Hrsg.): *Geschichte des privaten Lebens. 5. Band: Vom Ersten Weltkrieg zur Gegenwart* (Übersetzung von Holger Fliessbach), hrsg. von Antione Prost und Gérard Vincent. Frankfurt am Main, 1993

Baudrillard, Jean: *Der symbolische Tausch und der Tod* (Übersetzung von Gerd Bergfleth, Gabriele Ricke und Ronald Voullié). München, 1991

Belting, Hans: *Bild-Anthropologie. Entwürfe für eine Bildwissenschaft.* München, 2001

Benjamin, Walter: *Das Kunstwerk im Zeitalter seiner technischen Reproduzierbarkeit. Drei Studien zur Kunstsoziologie.* Frankfurt am Main, 1977

Berger, John: *Das Sichtbare und das Verborgene. Essays* (Übersetzung von Kyra Stromberg). München, Wien, 1990

Die Bibel, nach der Übersetzung Martin Luthers, hrsg. von der Evangelischen Kirche in Deutschland, Stuttgart, 1985

Boehm, Gottfried (Hrsg.): *Was ist ein Bild?* München, 3. Aufl., 1994

Bolin, Norbert: *"Sterben ist mein Gewinn". Ein Beitrag zur evangelischen Funeralkomposition der deutschen Sepulkralkultur des Barock. 1550–1750.* Kassel, 1989 (Kasseler Studien zur Sepulkralkultur, Band 5)

Därmann, Iris: *Tod und Bild. Eine phänomenologische Mediengeschichte.* München, 1995 (Phänomenologische Untersuchungen, Band 5)

Debray, Régis: *Jenseits der Bilder. Eine Geschichte der Bildbetrachtung im Abendland (*Übersetzung von Anne Hélène Hoog, Erich Thaler und Thomas Weber). Rodenbach, 1999

Didi-Huberman, Georges: *Vor einem Bild* (Übersetzung von Reinhold Werner). München, Wien, 2000

Dracklé, Dorle (Hrsg.): *Bilder vom Tod. Kulturwissenschaftliche Perspektiven.* Hamburg, 2001 (Interethnische Beziehungen und Kulturwandel. Ethnologische Beiträge zu soziokultureller Dynamik, Band 44)

Foucault, Michel: *Überwachen und Strafen. Die Geburt des Gefängnisses* (Übersetzung von Walter Seitter). Frankfurt am Main, 1994

Freud, Sigmund: *Das Unbehagen in der Kultur. Und andere kulturtheoretische Schriften.* Frankfurt am Main, 1994

Gilot, Françoise; Lake, Carlton: *Leben mit Picasso* (Übersetzung von Anne-Ruth Strauß). München, 1980

Goya: *Caprichos.* Zürich, 1972

Gruen, Arno: *Der Verrat am Selbst. Die Angst vor Autonomie bei Mann und Frau.* München, 11. Aufl., 1998 [¹1986]

Hoffmann, Ute; Joerges, Bernward; Severin, Ingrid (Hrsg.): *LogIcons. Bilder zwischen Theorie und Anschauung.* Berlin, 1997

Jaspers, Karl: *Drei Gründer des Philosophierens. Plato, Augustin, Kant.* München, 1957

Koppe, Franz (Hrsg.): *Perspektiven der Kunstphilosophie. Texte und Diskussionen.* Frankfurt am Main, 2. Aufl., 1993 [¹1991]

Lenzen, Verena: *Jüdisches Leben und Sterben im Namen Gottes. Studien über die Heiligung des göttlichen Namens (Kiddusch HaSchem).* München, 1995

Lessing, Gotthold E.: *Wie die Alten den Tod gebildet. Eine Untersuchung.* Stuttgart, 1984

Mann, Thomas: *Buddenbrooks. Verfall einer Familie.* Frankfurt am Main, 1989

Mc Luhan, Marshall: *Die magischen Kanäle* (Übersetzung von Meinrad Amman). Dresden, Basel, 2. Aufl., 1995 [¹1968]

Müller, Heiner: *Bildbeschreibung.* In: ders.: Werke 2. Die Prosa, hrsg. von Frank Hörnigk, Frankfurt am Main, 1999, S. 112–119

Nibbrig, Christiaan L. Hart: *Ästhetik der letzten Dinge*. Frankfurt am Main, 1989

Raddatz, Fritz J. (Hrsg.): *ZEIT-Museum der 100 Bilder. Bedeutende Autoren und Künstler stellen ihr liebstes Kunstwerk vor.* Frankfurt am Main, 1989

Richard, Birgit: *Todesbilder. Kunst, Subkultur, Medien*. München, 1995

Sandbothe, Mike; Zimmerli, Walther Ch. (Hrsg.): *Zeit, Medien, Wahrnehmung.* Darmstadt, 1994

Scheer, Brigitte: *Einführung in die philosophische Ästhetik*. Darmstadt, 1997

Seel, Martin: *Ästhetik des Erscheinens*. München, Wien, 2000

Shakespeare, William: *Macbeth. Tragödie* (übers. von Dorothea Tieck), hrsg. von Dietrich Klose. Stuttgart, 1970

Virilio, Paul: *Ästhetik des Verschwindens*. Berlin, 1986

Walther, Peter: *Der Berliner Totentanz zu St. Marien*. Berlin, 1997

Wiesing, Lambert: *Die Sichtbarkeit des Bildes. Geschichte und Perspektiven der formalen Ästhetik*. Reinbek bei Hamburg, 1997

Abbildungsverzeichnis

Abbildung 1 (Seite 8): Andy Warhol: Saturday Disaster. In: Richard, Birgit: *Todesbilder. Kunst, Medien, Subkultur.* München, 1995, S.257

Abbildung 2 (Seite 13): James Ensor: Der Triumph des Todes. In: Nibbrig, Christiaan L. Hart: Ästhetik der letzten Dinge. Frankfurt am Main, 1989, S. 57

Abbildung 3 (Seite 15): Gerard David: Die Marter des Sisamnes. In: Raddatz, Fritz J. (Hrsg.): *ZEIT-Museum der 100 Bilder. Bedeutende Autoren und Künstler stellen ihr liebstes Kunstwerk vor.* Frankfurt am Main, 1989, S. 237

Abbildung 4 (Seite 24): Grab einer Frau. In: Ariés, Philippe; Duby, Georges (Hrsg.): *Geschichte des privaten Lebens. 1. Band: Vom Römischen Imperium zum Byzantinischen Reich* (Übersetzung von Holger Fliessbach), hrsg. von Paul Veyne. Frankfurt am Main, 1989, S. 213

Abbildung 5 (Seite 25): Grabrelief, das ein Wagenrennen zeigt. Neapel, Archäologisches Museum, in: Ariés, Philippe; Duby, Georges (Hrsg.): *Geschichte des privaten Lebens. 1. Band: Vom Römischen Imperium zum Byzantinischen Reich* (Übersetzung von Holger Fliessbach), hrsg. von Paul Veyne. Frankfurt am Main, 1989, S. 216

Abbildung 6 (Seite 28): Notke Bernd: Lübecker Totentanz, 1463 (Ausschnitt). In: Walther, Peter: *Der Berliner Totentanz zu St. Marien.* Berlin, 1997, S. 25

Abbildung 7 (Seite 29): Manuel, Niklas: Der Tod und die Jungfrau. In: Nibbrig, Christiaan L. Hart: *Ästhetik der letzten Dinge.* Frankfurt am Main, 1989, S. 52

Abbildung 8 (Seite 53): Photographie von Helmut Newton. In: Tagesspiegel vom 3. September 2001

Abbildung 9 (Seite 93): Titelbild des Magazins *Jetzt!* der Süddeutschen Zeitung vom 24. September 2001